百年中国记忆
BAINIAN ZHONGGUO JIYI

文学家自述

缪崇群自述

何处是归程

缪崇群 著

中国文史出版社
CHINA CULTURAL AND HISTORICAL PRESS

百年中国记忆书系

总策划、主编

刘未鸣

副主编

唐柳成　张剑荆　段　敏

百年中国记忆之文学家自述丛书

主　编

段　敏

责任编辑

（按姓氏笔画排序）

卜伟欣　牛梦岳　张春霞　高贝　徐玉霞

目录

第二辑 —— 东京纪事

——寂寞的留学生

第三辑 —— 北南西东

——奔走与生活

第四辑 —— 狼烟处处

——在轰炸中行进

第五辑 —— 滇南时光

——短暂的田园梦

第六辑 —— 到了重庆

——废墟上的死与生

代序　纪念一个善良的友人

巴金

一

今天在街上看见一个背影跟你很相似的人，我几乎要叫出你的名字，可是我立刻想起你已经在三个月前离开这个世界了。

这大半年来，我的生活特别乱，我的心特别烦。过去的每个日子都给我带来新的追悔，新的苦恼，“生命的浪费”的感觉压迫着我。我像是一个被判定在监牢里憔悴一生的囚人，我不敢用思想，我怕触动我对于无法达到的东西的渴望。我又回到写《灵魂的呼号》①的时代了。可是那

① 你一定记得十三年前我在你住的那个北平小小公寓里开头写的那篇短文。我知道你那善良的心对朋友的任何事情都不会忘记。《灵魂的呼号》在天津写完，发表在上海《大陆杂志》上，后来又作为“代序”印在《电椅集》的卷首。

时候我还有我的一支笔，可以整天写出我心里的话，现在我有的却是那无数琐碎的事情。我无法摆脱它们。我始终绝望地挣扎，我在跟它们挣扎。

这时候我多么需要友情的安慰和鼓舞。我想找个机会去你那里同你畅谈一两个整夜，因为在朋友中你是比较了解我而又愿意听我发牢骚的人，正如你自己所说，你"一直在系念着"我，而且恐怕再没像你这样系念着朋友的人。并不是我没有机会。我知道你随时都欢迎我去。还是那些杂事耽误了我。于是我等着你进城，你去年十一月二十九日的信里还提过"不久就要进城'就业'"的话。我一直在等……等着。可是一月十八日早晨我突然在报纸上看到了你的死讯，是用小五号字排的，不过短短的三四行。我不能相信那是关于你的消息，你不能用这模糊的铅字的痕迹向朋友们告别。然而过了三个钟点，同你住在一个地方的左兄的快信到了：

> 崇群今晨三时二十五分长逝于江苏医院，因医院不能久停，无法俟友好齐至一瞻遗体始行安葬，爰定后日（十七日）上午九时落土，心痛笔重，容缓详告。

一切可能有的疑惑和希望都消灭了。想不到一张薄薄的信笺却能够毁灭那么多的东西。朋友，这次真是永别，你竟然一声不响地悄悄走了。这封短信在邮路上走了四天，我到十八日的下午才看到它。我赶到你长眠的地方，却只能看见一堆新土和两个纸制花圈。花圈上贴着白纸条："崇群先生千古……"除了你的名字外，再没有什么东西使人相信躺在这松松土堆里的会是你本人。那是一个斜坡，旁边有两座简单的坟墓。不知道是怎样的人做了你的邻舍。你躺在那里应该是多么寂寞。

我在你我墓前站了五分钟光景，我没有向你说一句话，或者行一个礼。我默默地跟着朋友们走到渡口去。要是在一个月前你一定会跟我们同去，可是现在我们却撇下了你。十四年的友谊就这样梦也似的结束了。离开那个地方的时候，我在心里暗诵着你从前写给我的那句话，"我们无端的相聚又无端的别离了。”[1]

无端！难道这真是无端的么？

二

就在这一天的晚上，我睡在江的彼岸，半夜里风敲着窗，窗门被吹开了，寒气从洞开的窗户扑进来，把我从梦中惊醒。屋子里一片黑，外面是砂土飞舞的声音。我不能睡。寒风从四面八方袭来。身子的颤抖使我的脑子特别清醒了。我想到躺在土里的你……那个光秃的斜坡，那些经不住风吹雨打的松松的土块……最后我想到这天傍晚一个朋友告诉我的你临死的情形，“他真是太善良了，他一直到死都不愿意麻烦别人，”朋友左叹息地说。

“我从没有见过像他这样善良的人，”左太太说，眼圈已经红了。

我蜷缩在被窝里，一边低声念着他们的话，一边流着眼泪。

只有在这时候我才知道我的损失是多么的大。我失去了一些永远找不回来的东西，一些我应该珍惜却没有好好珍惜的东西在我们相识的十四年中间，我不知错过了多少次和你相聚、和你通信的机会。我没有好好地认识你的纯白的心灵，我也没有尽我的力帮助你跟疾病、跟困苦挣扎，我也没有尽我的力帮助你安排一个较好的生活。我给你的只是一些空话，一些不能实现的希望。一直到你死，我没有能给你一点安慰，减轻你一些寂寞和痛苦。作为一个朋友，我辜负了你的信任了。

三

在这不眠的寒夜里，我重温着我们十四年的友情。在这动乱的、漫长的十四年中间，我目睹了够多的人世的兴衰，我忘记了不少的事。可是我们相识、相聚的情景还历历在目。

我回想着，回想着，我的心慢慢地温暖起来，黑夜也逐渐淡去，你那温

① 见缪崇群著《一对石球》。

和善良而带苍白色的面颜出现了，还是你那包着水的眼睛，微笑的嘴唇，带痰的咳声，关切的问询。这一切仿佛是永不会改变的东西。从最初的相识到最后的会晤，我没有看见你改变过一点，甚至不治的痼疾，甚至人世的苦辛，都不曾毁损了你的面容和心灵。

“九·一八”事变的前几个月，我去南京访左兄，在成贤街一个小楼上，我们第一次见面，没有经过第三者的介绍，我们各人说出自己的名字。我读过你的文章，你也读过我的作品。在我等候左兄的两个钟点里面，我们谈了将近一点半钟。这不是普通的寒暄，这是肝胆的披沥，心灵的吐露。我没有谈起我的过去，你也不曾说到你的身世，可是这天傍晚我们握手分别时，却像是相知数十年的老友。

过了一天我便回到上海。我们中间信函的往返就是从这时候开始的。当时你正代左兄编辑一份文艺杂志，我做了这杂志的长期写稿人。每个月在一定的日期我为你寄出一个短篇。你收到我的稿子，总是老实地写出你读后的意见，有时也不客气地指出我的缺点和错误。这态度，这习惯，你一直到死前两个月还保持着，虽然你早已不做杂志的编辑了。去年十月我的小说《憩园》出版，你还是它的一个精细的读者，你甚至为我指出那书中的一个“小毛病”（你客气地说，那是“小毛病”），而我自己和别的一些读过这小说的朋友都把它看漏了。

有一次（还是在“九·一八”前）我寄你一篇《我的眼泪》，这小说是为了纪念那个被称为“二十世纪最优美的精神”的意大利卖鱼者樊塞蒂写的。你第一封信向我叙说了你的感动，可是接着又来了第二封信，你愤慨地告诉我你为了我这篇文章跟杂志社负责人发生了争执。第三封来信说负责人已经让步，不再阻止发表这篇文章，却只要求将稿子压一期付排，你还预备以去就力争要我的小说早与读者见面。我感谢你对朋友的热诚和做事的认真，可是我不愿意你为这一件小事就放弃你的工作。我便另外写了一个短篇为你寄去。这就是我收在《短篇小说第一集》里的《一封信》，它占据了《眼泪》的地位。但《眼泪》在下一期杂志上也居然堂皇地与世人相见了。

你应该是我见过的一个最有责任感的编辑吧。后来我又为你的杂志写了长篇小说《雨》，可是它只刊出一半，你就因病或者因为别的事情离开了杂志社，离开了南京。从这时起我就没有看见你的名字印在任何文艺刊物上面了。

“一·二八”沪战爆发的那个夜晚，我正在由京开沪的火车里面，车子开到丹阳又折回了南京，使我在那里同你多聚几天。在我那篇《从南京回上海》中，我这样写着：

……下午醒来，到一个朋友那里去。朋友看见我便惊喜地说：“原来你回来了，我们正在替你担心。”我很感激朋友的关心，但是我看见桌上那张《新民报号外》，我的心又被沉重的石头压住了…

“看这情形，上海是没法回去了，天津恐怕也危险，你就在南京多住几天吧，住旅馆不方便，还是搬到我这里来住好些，”这是朋友的殷勤的劝告。在平时我倒很喜欢听这样的话，但是这时候它们却把我的希望杀死了……

我在朋友那里谈的只有愤激的话，痛苦的话，朋友也是一个有心而无力的人，他的身体比我的坏。他生肺病，最近还吐过血，他是需要静养的。跟他多谈话，只有增加他的痛苦。我已经看见他的没有血色的脸上怎样燃起了愤怒的火，他那只捏着报纸的手怎样在颤抖。然而我们能够做什么呢？我们的口只能在屋子里叫，我们的手只能拿笔……

一个星期以后我安全地回到了上海。过了几个月你也就到了北平。

这年九月我去北平看你，我在你那个小小公寓的小小房间里住过几个夜晚。那时你新结了婚，但是你让你太太住在岳母家，你一个人睡在公寓里养病。还是你那包着水的眼睛和微笑的嘴唇，只是精神较差一点。

关于这次的相聚，你写过一篇短文。你写着：

记得你来的时候你曾那样关怀地问：

——在这里，听说你同着你的妻。

——是的，现在，我和她两个人。

我诚实地回答你，可是我听了自己的答语却觉得有些奇异，从前我是同你一个样的：跑东跑西，总是一个单身的汉子，现在，我说“我同她两个”——竟这样的自然而平易！

你来的那天白日，她便知道她的寂寞的丈夫还有一个孤独的友人。直到夜晚她才喘嘘嘘地携来了一床她新缝就的被子。

我为你们介绍着说：

这就是我的朋友，这就是你适才所提到的人。

那夜她临走的时候我低低地问。

——一张床，我和朋友应当怎样息呢？

——让他在外边，你靠里。……没听说过——有朋自远方来，抵足而眠啊……

朋友，你在我这里宿了一夜，两夜，三夜……我不知道那是偶然，是命定，还是我们彼此的心灵的安排？

“有一次你似乎把我从梦呓中唤醒，我觉出了我的两颊还是津湿。我几次问你晨安，你总是说好，可是夜间我明明听见了你在床上辗转。……”①

你把这篇文章题作《一对石球》。那对有红色斑点的石球是我在颐和园里买来的，我打算把它们带回上海，却放在你那间小屋里忘记带走。你说要给我寄去我更愿意把它们作为纪念物留给你。那次在北平我玩了好些地方，却只有两次拉着你和你太太同路。一次是游三殿，你们让我一个人进去，却坐在进门处石阶上等候我。你喘着气告诉我你委实没有力走到里面去了。你

---

① 见《寄健康人》散文集（良友图书公司1933年版）中的《一对石球》。

那时身体似乎很坏，连走路都很费力。你整天就坐在公寓里安静地度着日子。还有一次，我们坐车去看电影，到了戏院门口，你用力拖住我，好让你太太去买了票。

我知道你的性情，我必须让你那愿意使每个人欢笑的心灵得到满足。从电影院出来我又跟着你们到附近一家广东酒楼去。我默默地看着你们夫妇红着脸（病态的红），带着欢笑张罗一切，我脸上露着笑，心里却只想哭。我也许只是一个卑微不足道的利己主义者，可是在这一刻我却愿意拿我一生中最好的时间来换取你们的健康。我不能给人间添一点点温暖，我活着不就是在浪费我的生命？

酒浇在我痛苦的心上，我醉了。回到公寓里我不想说话，我却拿出稿纸写起我的《灵魂的呼号》来。

第二天下午我离开了北平。你扶病送我到车站，你太太也去了的。开车的时候我从三等车厢里伸出头来你们还站在月台上频频对我挥手。我万想不到这一别就是三五年，而且我永远见不到你那位好心的太太了。

在车上我想起了几句话，一到上海我就把它们写下来寄给你：

> 我无端的来，无端的去。打扰了你们好几天，分享了你们一些快乐，我带走了一些东西，也许还留下一些东西，可是过去的终于过去了。……

第二年秋天我又去北平，但是你们已经到南京去了。在一篇短文里我这样写着：

> 火车在细雨蒙蒙中离开了浦口，时候是十一点钟。我没有留我的脚迹在南京，我是有遗憾的。……尤其使我挂念的是那个害肺病的朋友和他的夫人，他最近还写信给我说：“你的心灵的纯洁，生活的洒脱，只要在我得到刻沉静的时候，我便追怀着你，我是渐埋

渐深的成了一个泥人了。我常常希望着因为我有痼疾而早结束了我的生命。”去年我在北平承他款待了我一个多星期，和他在一张床上度过了那些夜晚，听了他许多次的咳声和梦呓。……我带走的他的印象到现在还没有褪色，依旧是去年那样的鲜明。“心灵的纯洁”，只有他可以接受这个评语，但是没有人了解他，他如今在艰苦的生活的斗争里，社会的轻蔑的眼光下一天一天地衰弱下去了，每次我读着他的混合着血和泪的散文，我的整个心灵都被扰乱了，我常常在心里狂叫着：“他是不能够死的，他应该活下去，强健起来，去享受生活里的幸福。”但是谁能够使这愿望实现呢？……[①]

没有人回答我这个呼吁，后来连我自己在忙乱的生活中也忘了常常给你去信。我只寄过你两三册我著译的书，《秋天里的春天》便是其中的一本。这应该归罪于我，因为你困居南京，实在追不上我的脚迹。

但是在我去日本的前两夜，我还有机会在上海一家公寓里同你相见。记得你那时刚从南京来，暂住在一个朋友在公寓里定下的房间。小小的屋子里已经坐了四五位客人，他们应该是那位朋友的友人吧。里面有一个偶尔在《现代》杂志上发表一两篇短文的作家。

我平日很讨厌他，看见他那油滑的面孔，我无法和你谈话，在那个不通风的房间里坐了不到半点钟，我就匆匆地告辞走了。我没有对你说明我匆匆告辞的原因，正因为“匆匆”，也忘了向你讨一个通信地址，第三天早晨，“浅间丸”载着我向横滨驶去。三天后我到了那个地方。在那个岛国的居留期中，我改换了我的姓名，除了两三个朋友，没有人知道我的行踪。从这时候起整整有二十二个月我们没有通过信。我失去了你的地址，你也不知道我的踪迹。

然而两年以后，一个秋天的傍晚，我在上海意外地接到了你的信，我认

① 见《旅途随笔》中的《三等车中》。

出你的字迹，我高兴地对自己说：

“我又找回他了！”可是拆开了信，我看到的却是这样的话：

……你还记得在南京，不，在这个广大世界上，有一个你系念过的人，你曾为他祝福，希望他生活下去，得到生活里的幸福……并且他也一直的在系念着你。病没有使他灭亡，还如你所希望的在生活着……就是你曾经把一对石球遗忘给的那个人，也是写了《一对石球》寄赠你的那个人，朋友，五年的时光一霎间的过去了。如今除了我还在系念着我的几个私自景仰、私自向往的友人之外，怕再没有如我这样的在系念着我的友人了。我是一无所有的。你所希望于我的，生活下去，这便是我生活下去的一条荒凉的寂寞的路程。

朋友，你还记得你一度闯入我们蜜蜂一般的生活圈里，不但不曾把你看作生客，还把你当作蜂王，当作长老的我们么？一个人小心翼翼地为了你抱了新缝的被衾而来，一个人诚诚恳恳地留着你抵足而眠么？那一个是你知道的祖英，也许经过了五年你早已把她忘记了。她是一直的和我在一起，她是一直的和我一样为生活而苦苦挣扎。她在上月二十五日傍晚已经死去了，她想挣扎再也不能挣扎的向生活永诀了。

想到那些日子，才是我们生活的日子，想到那些日子里有过你，我们生活的日子才仿佛有过记录。现在什么都完了，祖英一死，连那些生活里有过记录的日子也没有一个人知道，没有一个人谈起了。

想到前年秋天她每天给我读一节你赠我们的《秋天里的春天》，我们每每随声对泣。爱巴达查尔师，又怨他。谁还料到祖英死后我再对你提起这个书中人物呢？

祖英临死的时候还说，她死，我将是世界上一个漂泊的人，我漂泊到什么地方去，又为什么漂泊，她就没有给我接话，连我也不知道！

正因为我是一个平凡地想平凡生活下去的人，我想我应该把这个消息告诉你。

打扰你了，我想着祖英，想着你，想着我还有自由可想的人……我就这样地再可以生活下去了吗？你该应我一声！

我读着这封信的时候，另一个和你相熟的朋友[①]正坐在我旁边，他也是两年多没有得到你的信了。我把信拿给他看，我们默默相对，许久讲不出一句话。

我回想着那个红红脸的年轻主妇的面影，我暗暗地问自己，这不是梦么？为什么她这么年轻就离开这个世界？

可是这一次我不能再沉默了。我立刻写了回信。我盼望着“明年的春风会给你煽起生命的烈焰，给你吹散痛苦的回忆”，使你能够强健地活下去。

那个朋友也给你去了信，他当时正在上海编辑一份文艺月刊，要求你寄稿子来。你并没有寄过文章，可是我们间的通信却不曾间断过，并且一直继续到“八·一三”。

那个朋友在北平住得比较久。有一次我们谈起你，他才告诉我，你在北平还有一个老家。你住在那个湖南人开的公寓里的时候，你家里人知道你在北平，却不知道你住在什么地方。后来你父亲去世，你的兄弟登报找你，你才回到家里去主持你父亲的丧事。那个朋友就是在你的老家里和你第一次见面的。

你始终没有对我谈到你的身世和你的家庭，我也始终不知道你有一个什么样的过去。可是从那个朋友的口中知道你还有一个老家以后，我不久又读到你的一篇题作《棘人及其他》的文章。这篇文章是早已写好，早已发表了

① 这个朋友便是靳以。

的，可是这时我才读到它。读你的文章仿佛在听你谈话，亲切，温柔，还夹杂了一点点哀伤。

> 我这次回到家里，已经隔了好几个寒暑。到家的那天距父亲的死已是六天了。倘使我在六天之前归来，也许在父亲衰老的脸上还弛下一条笑纹，在将要模糊了的脑中添一个还存在的儿之印象吧…
>
> 几年前我离开这无母的家，几年后我又回到这没有父亲在的家了。
>
> 父亲躺在漆黑了的棺里，弟弟被满头满身的缟素包裹着……
>
> 父亲生前到学校用的书包还原封搁在他的房里，所有的父亲用的东西也都统统锁在一起。……①

这文章写成的日期是“一九三三年一月”。离我们那次在北平的相聚不过三个月光景。三个月！这么短的时期，你的生活里发生了多大的变化！我却无法在你的信里找到一句与它有关的话。为什么保持沉默呢？虽然这文章告诉了我一些你没有对我讲过的事，可是我到现在还不明白你为什么脱离家庭。这中间也许有一段痛心的故事。但你为什么不让做朋友的分担一点你的痛苦？

现在你抱着你的痛心的“秘密”到永恒里去了。那里有你的妻，你的母亲，你的父亲，希望你能够在那里找到一个温暖、和睦的家吧。那么过去的就应该让它静静地过去了。

抗战的第二年，我在广州遇到左兄，从他那里打听到你的通信处。我寄了一封信到桂林去。不久你的回信来了。是一封短短的信。可是你告诉了我一些我愿意知道的消息：你活得相当强健，体力和精神都比从前好多了。你

---

① 见《寄健康人》。

甚至兴奋地说起渴望看到抗战的胜利。

但是这封信带给我的快乐并没有继续多久。敌人在大亚湾登陆，接着广州沦陷，我和几个朋友沿着西江辗转到了桂林。

到桂林的第二天我就在一家北方饭馆里遇见了你。还是那包着水的眼睛，微笑的嘴唇，苍白的面颜。

你并没有什么大的改变！可是我觉得你胖了些，气色好看些，精神也好了些。我的眼睛证实了你的话，我当然高兴。你还告诉我，你现在能吃能走，还可以陪我走很远的路，游遍桂林的山水。

这以后，你果然陪我玩了不少的地方。在这个古城里我们常有聚谈的机会。后来你决定离开广西时，为了等候便车，你曾搬到我的寄寓里，同我们过了好几天愉快的日子。我说“我们”，因为当时在一块儿聚谈的还有一个“害怕过桥的少女”，她同你还是在那个古城里第一次相见，可是她不久就对着拾来的炸弹片为你编织绒线背心了。在《希望者》中你称她作“一个好心的孩子”。这些年来她一直没有把你忘记。现在她做了我的妻，也做了你一个永不相忘的友人。前天她还捧着《眷眷草》垂泪，她一定在追忆漓水边上的美丽的日子，那些连炸弹同大火都不能使它们褪色的光辉的日子吧。

一别又是两年。这中间我走过不少地方，你也走过不少地方。可是后来我们终于在一处碰到了。那是重庆—北碚—北温泉：这三个地方，现在都还保存着我们的脚迹吧。

这次你还是没有什么改变，或者你故意不让我看见你有什么改变。我相信你的健康在逐渐恢复，我相信我们还有够多的聚首的机会，我坚决地相信着未来也相信着在“未来”里我们可以在一起过着比较理想的生活。在这时期我开给你的不兑现的支票更多了。（在前一个时期我逼着你写文章，却只为你印过四本小书。）我给过你不少的希望，却终于看着它们一个个地毁灭。我三次来重庆，三次和你在北碚见面同游北泉，都没有能够帮忙你减轻一点你心灵的痛苦的重压（我不说“物质”，因为你的生活原是那么简单）。尤其是最近这一次——我动身来渝的前一天在贵阳先后遇见你的两位老友（左兄和云兄）。他们都同我谈到你。一个说你的身体还可以支持（他用了“拖”字）若干年；一个说你渐渐地逼近险境了。我说去渝后一定设法为你安排一个较好的生活。可是在北碚看见你，我给你的还是一个空的希望。你对朋友始终无所要求。

每次同游北泉，都是你殷勤款待。你为朋友，可以舍去你最后的汗衫。我存在上海的行李中还有你在桂林送给我的一件毛衣（我从桂林穿到上海，就没有能带出来），有一个时期它曾使我的身体得到了够多的温暖。

如今你终于没有得到朋友的帮助，静悄悄地死了。活着你没有麻烦朋友，临死你也没有麻烦朋友。[①] 你病，我不知道，你死，我没有和你诀别。我未能到病床照料你的病，也未能送你的棺木入土。十四年的友情就这样静悄悄地结束了。想起你去年八月十二日夜间写给我的信里的那一段话：

> 你说了我的话：我们几个朋友终于有一个时候可以长久在一起生活，在一起工作的，战时我们分别或同住在帐篷里，战后我们更要建造一条船，一个小舢板也好，一齐在里面当作家，不只是家，恐怕还要渡过一面风不平浪不会静的大海，操作着，努力着，驶向我们真要向往的一个港湾，或一片处女地去，我的身体也许不会支持太久了，但是我从来没有放弃过这个念头。……

---

① 你病中不让人为你写信通知朋友，就是在你得不到适当的照料使病势加重时，你也保守缄默（听说有一次你叫了一夜口渴，到天明才得到一杯水喝）。后来左兄知道你的病状，坚持着送你进医院去，那时你已经没有充分的生命力，跟那压迫了你多年的疾病继续战斗了。据说你一直到死并没有发出一声痛苦的呻吟，也没有留下一句告别的遗言。你死后脸上罩着和平的笑容，人看不见一点痛苦挣扎的痕迹。你好像是没有遗憾地安安静静死去的。你死后身边还留着可以偿付医药费的钱。并且你生前就已经把后世安排清楚，好像准备着随时随地死去，都不致烦累别人。

说这些话也许还渺茫，我也活得实在渺茫啊！

还有十一月十六日信里写的：

我现在希望着我的希望如同一坛酒，让它愈埋藏愈醇郁吧。

我真不知道应该怎样安放我的这一颗心！你对我从没有说过一句怨愤的话，但是我能够宽恕我自己么？

你的善良的宽恕一切的心已经在土里得到安息了。可是我，活着的我是得不到安息的。我每想到我那些没有兑现的空头支票，每想到我那些骗了你几年的空的希望，我的心怎么能熬得住那长期的苦刑！

四

风静了。我的四周是一片死寂。夜凉得像水一样。黑暗中闪起一股灰白光。我知道寒夜快到了尽头。我的回忆也快到了尽头。在这短短的两三小时里我经历了十四年中的聚散和悲欢。现在这一切都得跟着寒夜逝去了。在那光秃的斜坡上，在经不住风吹雨打的松松的土块下，人们埋葬的不止是你的遗体和那些没有实现的希望，还有我过去十四年的岁月。那应该是我一生中最美丽的日子。青春，热情，理想，勇气，快乐……那些编织幻梦的年龄……它们已经跟着可以为我印证的友人同逝了。……

想到这，我只有痛哭。

但是崇群兄，我不是在哀悼你，应该哀悼的倒是我自己。我失去了我的一部分，我的最好的一部分，我失去了一个爱我如手足的友人。那损失是永远不能补偿的了。

永别了，我纯洁善良的友人。听说你在病中说过，你不愿意死，不应该死。是的，你是不会死的。你给我们，你给这个世界，留下了九本小书。[①]那些洋溢着生命的呼声，充满着求生的意志、直接诉于人类善良的心灵的文字，那些有血有泪、有骨有肉、亲切而朴实的文章，都是你的心血的结晶，它们会随着明星长存，会伴着人类永生。

记得你说过：

唯有爱才是向荣的，正当的，幸福的。

又说：

我铭感着人间还有熏风，还有灵雨，还有同情，还有自然的流露，还有爱。[②]

你说了真话。正因为这样，你的充满了爱的心便不是那不治的痼疾所能毁灭的了。

一九四五年四月在重庆

---

①《晞露集》（星云堂）、《寄健康人》（良友）、《归客与鸟》（正中）、《废墟集》（文生）、《夏虫集》（文生）、《石屏随笔》（文生）、《眷眷草》（文生）、《现代日本小品文》（翻译——中华）。还有一本随笔集，我正在替他编辑，拟题作《碑下随笔》。《碑下随笔》已收在《文学丛刊》第十集中，1949 年初出版。——1959 年注

② 见《石屏随笔》。

第一辑

童年杂忆

——时常想起那时候

童年之友

十年来徘徊在她们的门外，那槐荫下的大门，几乎在我的眼里映过上千的次数了；然而，我所渴望的人、我童年的友伴，终于没有邂逅过一次。

这大约是人间的通性，一个病在床上的老人，他会想到许许多多故乡的土产，虽然这些土产就是萝卜、青菜或芋头……同样的一个思春期的青年，他无论怎样憧憬着锦般的未来，神般的偶像，但他绝不会忘记了他的童年的友伴。童年的友伴，好像距他最近，也了解他最深似的。

童年恐怕才是人生的故乡，童年所经过的每桩事，就好像是故乡里所生的每种土产了。

谁都禁不住地要系念他的故乡与土产，但谁能够回到他“人生”的故乡，在那里还采集着土产呢？……

回想，唯有回想了；也正如同纸上的画饼与梅子：充不了饥肠，也止不住口渴。

敏，她是我童年的唯一的友伴，她比我小两岁，从六七岁我们便在一起了。那时我们的家也在那槐荫下的大门里。大门里有三个院子，我们住在最前边，她们住在最后边；中间隔着一个花园，花园的前边还住着一位史太太。史太太也有一个女儿，她的名字我已经忘记了。

弟弟那时是红菊姊带着，能够单独在一起玩的只有我和敏和史家的姑娘三个人。不过史家的姑娘也和我们不很好的，因为我和敏时冷待她。我们玩的时候，不在后院，便在前院，史太太那里我们是很少去的。不过有时候敏和我闹恼了，她偏偏喜欢到史太太廊子上的柱前去哭，用袖子把眼睛拭得通红的。好像要宣示给人家，她实在受了我的委屈了。

她每逢哭了，史太太便揭开帘子趁机地说：

“我叫你不要和他玩吧？男孩子总是会欺负人的；姑娘和姑娘在一起玩，再也不会打起来。”

假使当时我的母亲或她的母亲出来讯问，史太太又这样地说了：

“大人们真不能为孩子劝架，好起来是他们，恼起来也是他们。香的时候就恨不得穿一条连裆裤，臭了比狗屎还臭……”

接着便是史太太张着金牙的嘴大笑。

其实，我从来没有欺负过敏，每次哭，大约都是因为她要撒娇。有几次她在史太太的廊子上哭，我趁着没有人出来的时候悄悄拉她几把，她便又带着鼻涕笑了。

“一哭一笑，小猫上吊。”我把右手的食指，放在鼻上羞她。

她跑了，我知道风波平静了。她跑到花园，我便也跟到花园，在花园里，我们又重新是一对亲密的伴侣了。

那时候的敏，在我眼里真是一个最美丽的仙子了。她一笑，我的世界就是阳春骀荡；她一哭，我的世界顿时又变得苦雨凄风了。最有趣的，莫过于她娇嗔我了，她以为我怕她，其实我尽蹲在一边看她那对乌黑浑圆发亮的眸子。她支持的时间愈长，我感到的快活也仿佛愈浓似的。

真的，我每逢回想到童年的时候的奇怪的性格，我脸上便禁不住地要频频发烧了。在女性的面前，我从来不以那些装出的骑士或英雄的风度为荣；就是被她们虐待着，压迫着，在我也并不以为耻辱。童年，我或者被敏骂过，唾过，也许还被她打过，但在我的身上，丝毫不曾留下一点伤痕。我真是懊悔，我如果留着那种伤痕，我是怎样地感着酥痒而快活的呵！

从六七岁一直到十三四，我们双双的足迹，大概已经把那个偌大的花园踏遍了，或者重复了又重复吧。年龄渐渐大了，跳着跑着的游戏，也渐渐稀少了。后来我们常常默默坐在廊下或窗前，翻阅图画册子，或者读一些浅近的童话。

记得我有一次曾在她面前夸耀过我在小学展览会里的成绩，她有一次也给我说过一个她最得意的故事。那故事我到如今还记得的，大意是当初有过一个鞋匠，他一次用鞋底击过十个苍蝇，他的绰号是：嘻嘻哈哈，一击十个……

当着我们眼睛光碰到一起，或者并坐着觉得彼此的肩背已经靠得温暖了的时候，我们便又不好意思地离开了。莫非那时已经有了一个“魔”，不时地拖我们相亲，不时地又用力把我们分离么？……

我们的家，已经从她们那里迁出十多年了。在这十多年里，我和敏的天地，几乎完全隔绝了；虽然我们还是同在一个城圈里，相隔不远的。

母亲在的时候，还有时谈起敏，又提到我的婚姻。母亲去世之后，只有我一个人在夜深时，孤独地，辗转着系念她了。白日里，每一兴奋起来，便要跑到她们的门前去，我想进去会她，我没有勇气；我想等待着和她一见，也总没有那么一次相巧的机会。我默默地在她的门前徘徊，我的心，似乎比那槐荫还更阴沉……

前年的秋天，听说敏的母亲病重了，我于是鼓着我的勇气，我想亲自到那槐荫下的大门里探问她们了。

我两手虔诚地捧着我那“希望”的花蕾——那蕴藏在我的心园，十多年来未曾放过的一枝花蕾，战战兢兢地叫开了她们的门扉，我又如梦一般地走进了她们的庭院了；我是如梦一般地坐在敏的寝室里。我四处张望，我没有找到敏的踪影。

她好像是刚才艳装出去了；她的妆台上放着一盆乳白的带温的脸水，还放着揭着盖儿的香粉、胭脂……床上团着锦被、绒枕；壁上挂着许多电影的明星……那一件一件时髦的衣裳，也都零乱得没有收起……

我悄悄走进往日的花园，往日盛开着一切的花园，现在已荒芜而废弃了。只有几株皱皮的枣树，还东倒西歪地倚在墙头。他们好像是年老的园丁，只有厮守着这里，而无心再顾这满目荒凉的景象了。

青春的花园，已经颓老了，失却红颜的女子，还在向她们的颊上涂抹粉脂！

去年的秋天，我真的有一次遇见敏了。

和她偕手欢笑的是一个“明星”般的少年，而在她的眼前过去的——一个童年的友伴，竟没有得她一睬呢。

唉，那蕴藏在我的心园里，十多年来未曾放过的一枝花蕾——我永远不曾想着把它遗弃的一枝花蕾，现在我已经无处亦无法捧赠我那童年的友伴了；去吧，我心里低低地说着——

——让这枝花蕾，还是在你自己的那双高底鞋跟下残踏了吧；我的心园已经冰凉了，它迟早地会死去的……

——去吧！你希望，你娼妓！

…………

那病在床上的老人，我祝他早早健康起来；那徘徊于爱人门外的青年，也快快地回转过头来吧！

“人生”的故乡，毕竟是归不得的，聪明人，莫再回想你们的童年了！不要踌躇地向前进，大道和果园，焉知道不展在你的眼前呢？

红菊

红菊，是我们早年的一个使女，母亲把她从家乡的清节堂里接出来的时候，她大约才十五岁。她没有父母和亲故，虽然还有一个哥哥，可是终日在城门洞里走来踱去的，差不多和乞丐一样了。有时他们兄妹遇着，他也仅只用一种奇异而忌恨的眼光瞟一瞟自己的弱妹罢了。这都是红菊后来告诉我的。

她在故乡不到半年，便随着我们同到北方来，我们家里，除了我哥哥嫌厌她以外，没有一个不喜欢她的。弟弟是她从幼看护大了的，直到我们一同进了初小，还要靠她早晚地接送。她真是不怕唠叨，在学校和家里相隔的这一段路上，总是把她讲了不知道多少次的故事，翻来覆去地说给我们。有时，领我们跑一阵，跳一阵，她说那是她从学校里看来的体操。

每个星期里，逢到我们有唱歌班的时候，她总是趁着未散班之先，悄悄坐在学校的门道里静听去。

有一次，我还清清楚楚地记得，她接我回家走到中途的时候。

“再走几步就到了，你不是认识么？这一带没有狗，你先回去好了。”

她携着我的手说。

“你呢？是买菜去么？”

“不，你先回去好了，我到紧北紧北头去。”她已经红了眼圈。

“还是一起回去吧，那里你又没有去过。”

“不管去过没去过，我从此不回家了。你哥哥今天打了我，气还没出够哩。”

我没有话说，我已经随她走出离家很远的地方了。这条路上，有一条很长的沟渠，沿沟都是种的杨槐与荆棘，那时大约已经是初夏了，蝉的嘶声恹恹地。我越走越惶惧起来：童年时代，除了自己的家以外的地方，恐怕都跟兽林与危谷那般可怕。

“红姐姐，我们一同回去吧。”我总是牵着她的衣襟央求着。

她终于把我引回我们家的路口，涨着眼泪分别了。

在童年史上，那是我最初感到离别痛苦的一次，后来我每逢走到那条路上，看见那里的沟渠、槐树与荆棘，我便禁不住地要向往到那日的哀戚了——直到如今，还没有变更的。

当晚父亲打电话询问警署里，知道那里截留着一个衣服褴褛的女子。

第二天早晨，红菊便又被人送回来了。她尽自坐在厨房里啜泣，很久很久也没有一个人去过问她。

虽然过了多日，我们差不多都把这件事忘记了，但她还没有褪去那一种不自然而且羞涩的表情，直等她又和我唱歌或欢舞起来，我才揣想她或者已经恢复了从前的心情了。

“红姐姐，那次你尽往北走，你不害怕么？”

“你问它做什么呢？”

“我要问哩，我想知道你怎么那样大胆子。”

“要是我胆子果真大，也就不会被人拦住了。那一天我一边走一边哭，我想只有走出城去这一条路。但明明知道城外尽是荒地和坟圈子，并没有一个投奔的所在。自己的足步走得非常慢，薄暮时走到城门，便被一个生人拦住了，他盘问我到什么地方去，我回答不出来……假如我胆子再大一点呢？……”

隔了一个暑假，哥哥进中学了，他从此寄宿在学校里，没有再和红菊作对的人了。

红菊过了不久，便嫁给了一个印刷公司里的技师。

她此后衣服整齐了，面庞也红润了，她顿时便成了一个美丽娟秀的少妇了。

那时我不过十一二岁的光景，我已经知道和美丽的女性走在一起是光荣而且可以自傲的了。每次出去，我总喜欢和红菊坐一个车子，我坐在她的身上。

逢到假期，我一定要约着弟弟一同到红菊家里去的——其实弟弟更愿意去。她们住在南城外边很远很远的地方，那里差不多和村庄一样：有蜿蜒的土路，一丛丛的坟墓；还有响得怕人的杨树。

她们家里一切都有的，还有一只并不抓人的小猫。那时我和弟弟都有“洋画”癖，红菊的丈夫吃烟最多，于是他能尽量地供给我们，我们自然更加喜欢满足了。

在家吃到瓜果便吵架的我们，一到红菊那里便吃不下去了。譬如吧，一个比我们肚子大几倍的西瓜，只让我和弟弟两个人吃，那时，除了抱怨自己肚子小以外，实在没有方法将那一个大瓜吞并下去。

夏天的晚间，月亮已经升到杨树的梢头，红菊常常携着我们的手儿在她们住所的附近散步。有时她还跑到人家田地里为我们摘那玉蜀黍上的胡穗子，或卷起一个草叶子当口哨吹它——吹响了之后便给我们。她还能把她在我们小学门道里学来的歌儿，唱给我们听。

静静的郊野，树叶有时被风吹得唰唰地怕人，虽然能够鼓着勇气忍耐下去，不过如果听见无论多远的地方有一声犬吠，那么立刻就要把她的衣襟抓得紧紧的了。

郊野虽不幽暗，有着清淡的月光照着，我们那一种恐怖心理的发生，恐怕正是因为有月光吧。有了月光，才衬托出深林里黑黝黝的阴处可怕；有了月光，才看出来路旁有大的小的墓冢和石碣。

“有鬼吧？……”我想问又不敢问出来，只是把身子靠得红菊更紧些了。

“不怕的，有我呢。”她好像测透了我的心意，随着便用一只胳膊搭在我的肩上，我真的不怕了，仿佛还更安坦。

红菊嫁了多时，温淑的性情没有改，容貌是一天比一天的光泽美丽了。胆量，也许比从前增加了不少吧？这是我暗自的观察。

两年过后了，我已经升到高二，暑假里便听见红菊因为生产而害病了。母亲特意腾出一间房子来，把她接到我们家里来住。

她的孩儿也是一个病质的，整日的没有什么声息。我每次走到她的房里，都是觉得阴森森的。除了母亲还常常坐在她的床头之外，只有小窗格里透进的一块阳光或月光伴着她罢了。母亲确是越来越和她亲昵了。

红菊后来和我谈起话来的时候，开首总是这么一句引子：

“你已经渐渐大了，你慢慢地就会懂得人事了……”

有一次，她也是先说完了那句引子，接着气喘喘地说：

“……娘恩真是不易报的。我产了一生，便病得起不来身了……”

又有过一次：

“你是渐渐懂得人事的了，一个男子到了岁数，大概都是喜欢拈花惹草的。你将来长成了，千万地不要学你父亲哩。你母亲常常对我说，可惜她没有一个女儿，就是怎样地含辛茹苦，也没有一个可以向她吐诉的人。我真悔我早嫁了，不然我永远伴着她，也不致有了今日的痛苦……”

深秋的时候，她终于死了，爱我们的红菊姐，便不能在世界的任何一处寻到了！

听说当她临终的时候，她的丈夫曾握着她的手说：

“你去么？你去么？我终生不会再娶了！”

红菊姐只是露着齿，微微地笑了一笑。

她的孩儿，也早在她的死前死去了。

她的短短的生命终止了。在她过去的短短生命中，做了我们的奴隶，又做了她丈夫的奴隶。

是红菊死后的十年了——去年的冬天。窗外落着掌大的白雪，盖满了院里的一切，房里虽没有灯火，雪光却已惨白地映着四壁了。

父亲很晚地才回来，他说他是吊唁去的。

死者不是一个生人，那正是红菊的原初的丈夫——印刷公司里的那个技师。

父亲说，未亡人哭得很惨地，穿着满身的丧服，还有一个三四岁的孩子绕着膝边。

唉，我不知道在红菊姐的墓畔，是不是要添上一堆新土？

窗外的雪，还是纷飞着，我不知道在这已经被雪盖白了的凄凉的故都里，何处去寻到红菊姐的坟墓，让我放声地哭她一回。

曼青姑娘

曼青姑娘，现在大约已经做了人家的贤妻良母，不然，也许还在那烟花般的世界里度着她的生涯。

在亲爱的丈夫的怀抱里，娇儿女的面前，她不会想到那云烟般的往事了，在迎欢、卖笑、妩媚人的当儿，一定的，她更不会想到这芸芸的众生里，还有我这么一个人存在着，并且，有时还忆起她所不能回忆得到的——那些消灭了的幻景。

现在想起来，在灯下坐着高板凳，一句一句热心地教她读书的是我；在白墙上写黑字，黑墙上写白字骂她的也是我；一度一度的，在激情下切恨她的是我；一度一度的，当着冷静、理智罩在心底的时刻，怜悯她、同情她的又是我……

她是我们早年的一个邻居，她们的家，简单极了，两间屋子，便装满了她们所有的一切。同她住在一起的是她的母亲，听说丈夫是有的，他在很远很远的地方做着官吏。

每天，她不做衣，她也不缝衣。她的眉毛好像生着为发愁来的，终日地总是蹙在一起。旁人看见她这种样子，都暗暗地说曼青姑娘太寂寥了。

做邻居不久，我们便很熟悉了。不知是怎么一种念头，她想认字读书了，于是就请我当作她的先生。我那时一点也没有推辞，而且很勇敢地应允了，虽然那时我还是一个高小没有毕业的学生。

“人，手，足，刀，尺。”我用食指一个一个地指。

“人，手，足，刀，尺。”她小心翼翼地点着头儿读。

我们没有假期，每天我这位热心的先生，总是高高地坐在凳上，舌敝唇焦地教她。不到一个月的工夫，差不多就教完《初等国文教科书》第一册了。

换到第二册，我又给她添了讲解，她似乎听得更津津有味起来。

“园中花，

朵朵红。

我呼姊姊，

快来看花。

……”

“懂了么？”

“嗯——”

“真懂了么？不懂的要问，我还可以替你再讲的。”

“那——”

“那么明天我问！”我说的时候很郑重，心里却很高兴。我好像真个是一个先生了，而且能够摆出了一点先生的架子似的。

然而，这位先生终于是一个孩子，有时因为一点小事便恼怒了。在白墙上用炭写了许多“郭曼青，郭曼青……”；在黑墙上又用粉笔写了许多“郭曼青，郭曼青……”。罢教三日，这是常有的事。到了恢复的时候，她每每不高兴地咕噜着！

“你尽写我的名字。”

现在想起来也真好笑，要不是我教会了她的名字，她怎么会知道我写的是她的名字呢？

几个月的成绩如何，我并没有实际考察过，但最低的限度，她已经是一个能够认识她自己名字的人。

哥哥病的时候，她们早已迁到旁的地方去了，哥哥死后，母亲倒有一次提过曼青姑娘的事，那时我还不很懂呢。母亲说：

“郭家的姑娘不是一个好人。有一次你哥哥从学校回来，已经夜了，是她出去开的门，她握你哥哥的手……”

“哥哥呢？”

“没有睬她。”

我想起哥哥在的时候，他每逢遇着曼青姑娘，总是和蔼地笑，也不为礼。曼青姑娘呢，报之以笑，但笑过后便把头低下去了。

曼青姑娘的模样，我到现在还是记得清清楚楚的，她的眼睛并不很大，可是眯眯地最媚人；她的身材不很高，可是确有袅娜的风姿。在我记忆中的女人，大约曼青姑娘是最美丽的了。同时，她母亲的模样，在我脑中也铭刻着最深的印象，我从来没有见过那样神秘，鬼蜮难看的女人。的确，她真仿佛我从故事里听来的巫婆一样，她或者真是一个人间的典型的巫婆也未可知。

她们虽然离开我们了，而曼青姑娘的母亲，还是不断地来找我们。逢到母亲忧郁的时候，她也装成一副带愁的面孔陪着，母亲提起了我的哥哥，她也便说起我的哥哥。

“真是怪可惜的，那么一个聪明秀气，那么一个温和谦雅的人……我和姑娘，谁不夸他好呢？偏偏不长寿……”

母亲如果提到曼青姑娘，她于是又说起了她。

“姑娘也是一个命苦的人，这些日子尽阴自哭了，问她为什么，她也不肯说。汤先生——那个在这地做官的——还是春天来过一封信，寄了几十块钱，说夏天要把姑娘接回南……可是直到现在，也没有见他的影子。”

说完了是长吁短叹，好像人世难过似的。

她每次来，都要带着一两个大小的包袱，当她临走的时候，才从容，似乎顺便地说：

“这是半匹最好的华丝葛，只卖十块钱；这是半打丝袜子，只卖五块……这些东西要在店里买去，双倍的价钱恐怕也买不来的。留下一点吧，我是替旁人弄钱，如果要，还可以再少一点的，因为都不是外人……”

母亲被她这种花言巧语蛊惑着，上当恐怕不只一次了。后来渐渐窥破了她的伎俩，便不再买她的东西了。母亲也发现了她同时是一个可怕的巫婆么？我不知道。

我到了哥哥那样年龄，我也住到学校的宿舍里去。每逢回家听见母亲提到曼青姑娘的事，已不似以前那样的茫然。后来我又曾听说过，我们的米，我们的煤，我们的钱，都时常被父亲遣人送到曼青姑娘家里去，也许吧，人家要说这是济人之急的，但我对于这种博大的同情，分外的施与，总是禁不住地怀疑。

啊，我想起来了，那丝袜的来源，那绸缎的赠送者了……那是不是一群愚笨可笑的呆子呢？

美女的笑，给你，也会给他，给了一切的人。巫婆的计，售你，也会售他，售了一切的人。

曼青姑娘是一个桃花般的女子，她的颜色，恐怕都是吸来了无数人们的血液化成的。

在激情下我切齿恨她了，同时我也切齿恨了所有人类的那种丑恶的根性！

曼青姑娘，听说后来又几度地嫁过男人，最后，终于被她母亲卖到娼家去了。

究竟摆脱不过的是人类的丑恶的根性，还是敌不过那巫婆的诡计呢？我有时一想到郭家的事，便这样被没有答案地忿恨而哽怅着。

然而，很凑巧地，后来我又听人说到曼青姑娘了：说她是从幼抱来的，她所唤的母亲，并不是生她的母亲，而是一个世间的巫婆。

在冷静独思的当儿，理智罩在我心底的时刻，我又不得不替曼青姑娘这样想了：她的言笑，她的举止，她的一切，恐怕哪都是鞭笞下的产物；她的肉体和灵魂，长期被人蹂躏而玩弄着；她的青春没有一朵花，只换来了几个金钱，装在那个巫婆的口袋里罢了……

在这个广大而扰攘的世间，她才是一个最可怜而且孤独的人。怜悯她的，同情她的固然没有，就是知道她的人，恐怕也没有几个吧。

一九三〇七月改作

芸姊

有些时候，我真想从箧底或箱中翻出那些壮年的日记册子，重新把我和芸姊初恋的史页细细回味一下；但一想到这里，那暖暖的、绵绵的过往一切，好像已经罩在我的目前了；他仿佛是一个阳春的早晨，朝暾含着白雾，白雾里裹着朝暾……

我认识芸姊，正是在八年前的一个春天。我记得初次见着她的时候，一句话也说不出来，羞红着脸便跑到我自己的房里去了。我从来是一个怕见生人的人，何况那时芸姊又是一个比我长两岁的异性的姑娘呢？然而芸姊并不肯放松我，她随着就从堂屋追到我这边来了。说话，也是她先开口的：

“你为什么要和我这样生疏？我们以后就和姊姊弟弟一样的了。”

我没有说出什么话来，或者因为我受宠若惊，一切都驯服在她的裙下了。

第二次相见的时候，她送了我一个花钱袋——是自己织的。后来，我不知怎么她才给我缝好了夹袍，又要给我缝绸背心了。有时，她说端午节来，其实在端午节以前，她已经来过好几次了。

那年的春光，总算把我童心融开了；我开始在我的青春史上印迹，从第一页，第一行，便尽让芸姊占去了。

仅仅的，只有几个月的过隙，芸姊便被迫着出嫁了。虽然在嫁前她是那般地自苦而慰我，嫁后又是那般地体贴而且慰我，但是，我的青春的史页，从此便空空的没有什么了……

她出嫁的那一天，下了一天的倾盆的大雨，从早到晚，一刻也没有停止。

在她嫁期以前，我已经说过那天我是不去的，所以醒来听见雨声，自己并不觉得怎样失望。不过，这雨下得过于大了，偏偏逢着芸姊出嫁这一天，好像天是有意玩弄人们，把人们的兴头都打消了。

母亲、弟弟和仆人，不久都冒着雨，接踵地去了，关在家里听雨的，只剩了我一个人。我心里想着芸姊的家里，这时是怎样的忙乱，怎样的喧杂，一切的声音，是怎样地和这雨声织在一起……而她，钟爱我的芸姊，外面是怎样的沉默，心里又是怎样的凄惶，而感到一种燃烧似的不安啊！她的母亲不能了解她，她的亲友们更是和她隔阂了；而能够知道她的，她可钟爱的人，不偏偏说了今天不来的……

我不断地设想，我又不断地替芸姊难过起来了。我怅惘，我懊悔，我太孩子气了！

近午的时候，秦妈——我们的女仆，从她们那里匆匆地跑回来了，一直便进了我的屋子，说：

“叫你去呢，她们都请你快快去呢！”

“我不去，我说了不去了。”

“车都给你叫好了，快去吧！”她微笑着等我的回答，我仍然不作声。

“去呢，去呢。”秦妈的声音变得低了。

“芸姑娘说，你不去，她也不上轿。”

我心里真是踌躇起来的，而秦妈依然仰着脸向我笑，她是唯一知道我和芸姊的人，所以我被她笑得更不好意思了。

“你想，也不能让我为难啊——”

我终于被她拽走了。

我到了芸姊的家里，全院的宾友都用异样的眼看我。我一直走到芸姊的房里，房里只有她的母亲和我的母亲两个人伴着她。

“你看，你的弟弟来了吧！”我们的母亲，异口同声地说，仿佛都要欢喜得叫出来了。芸姊这时把头轻轻抬了起来，莹莹的一双眸子，把我的全身打量了一遍，又重复把头低下去了。

不久，芸姊的母亲和我的母亲，都先后出去了，把门虚虚地掩着——我不知她们是有意还是无意。

“你到这边来坐呢。”她愿意我坐得靠近她，坐到她的床边去。

我忸怩地如她所愿了。

她穿着一身蜜色的衬衣，扣子也没有扣全。她的头发是蓬散着，脸上有着不少的干了的泪迹。真的，她一点也不像一个将要，不，即要做新娘的人；她更不像是今天全舞台上的一个喜剧的主人公的了。

“弟弟，你应当想开了一点才对呢……”

她几番地这样劝慰我，好像这一句话，要安慰我到终生似的。

我哽咽着连一个字也说不出来，我心里仿佛如麻般的零乱，芒刺般的隐痛着。那时，我的确忘却我自己在哪里了，就是房外的人声，窗外的雨声，我也一点感觉不到了。

她说的话，其实正是我应该对她说的；我不知那时我怎么竟那样的麻木，胆怯！我自始至终，差不多连一句完整的话也没有说出口来！

唉，虽不是恨不相逢未嫁时，但也是生米熟饭了！

她的手，我不知什么时候已经按在我的手上了，当我发觉的时候，我也把我的手反转过来，让手心对着手心，彼此重新地握着，又紧紧地握着。我们虽然都沉默了，但手里的汗液，好像湿津津地透出了我们的心意了——我们那种不能言传的幽怨，苦恼……

我不知这样过了多少时刻，她的母亲后来走进房里了。

“姑娘，不早了，该梳妆了。”

随着，又走进一个满头插着红花的中年妇人，那大约就是为芸姊梳妆来的。

她们不断地催妆，我就悄悄地走了。

芸姊，钟爱我的芸姊，毕竟在哭声和雨声中出嫁了……

在芸姊的嫁后两个多月，她有一次又同着她的母亲来访问我们来了。她的母亲和我的母亲在一起谈话，而芸姊一天都伴着我在一个小书房里。在默默的对坐中，我们心里所感到的那种蕴蓄的压迫，激烈的悸动，仿佛还和她未嫁以前，我们初见的时候一样。

那种压迫与心悸，仍然没有一个机会轻释或泄露，四围的沉默空气，使人窒息而可怕了！

我呆呆地回想着我们的过往，而芸姊，却不知什么时候已经啜泣起来了……

虽然我想立刻投在她的怀抱里让她抚爱我，让我的体温，温暖了她那颗冷寂的心，但是我更局促了，局促得几乎使我从她面前逃脱出来才好。

真的，一个满怀都像燃烧起来了，一个是四肢仿佛都麻痹而痉挛了……

我不知后来是神还是魔的力量，我们的脸会偎在一起了，觉得热灼灼的，我们的眸子对着眸子，仿佛电般的交流着；还有，我的唇吞着她的唇，像一个婴儿吮乳一般的……

不要说蜗牛是怯懦无为的，他也会渐渐走到了水草的所在的……

芸姊头上的一根翡翠簪子，不知什么时候被折断了。她怅然地持着碎屑，好像没有着落了似的。

——啊，翡翠成了碎屑了！还能使它完整么？我看眼前的情景，我也恨不得把自己的身子研成粉末了！

唉，这是命运的摆弄么，这成了我们千古间的一个污点了！

黄昏到了，室内的光线，完全是灰黯的，我们在这幽灵般的氛围里，又重复沉默而拘涩起来，并且我们再也没有勇气互相看一眼了——啊，那永远不会磨灭的一个羞答答的模样！

也许，我们当时的眼睛都朦胧了；我们初次饮了一杯人间的醇酒，我们都在爱的海里沉醉了。

晚餐没有吃，她们就走了，我把她们送到大门，声音很低微地说：

“再会了。”

芸姊回过头来，脉脉地望了我一眼：

“你回去吧，等到中秋，我还来呢。”

小巷是静静的，我恨它太短了！芸姊和她母亲的背影，不久就在我的眼底消失了……

那消失的不仅只是她们的背影，那半年来的梦般的陶醉的温爱，就从此和我离别了。当着小巷里已经空寂，而我还独自伫立在门外的时候，我哪里会想到我青春的晨光，已从此便随着暮色黯淡了下去呢？……

那年的中秋，我终于盼到了；但是，浑圆的明月，只让他空空地悬在头顶，我那颗缺陷的心，竟没有钟爱我的人来抚扪了。

一年复一年的长逝了。我和芸姊不觉已经别了八度的中秋。

年年的中秋，头顶都是空空地悬着团圆的明月，然而我心的缺陷处没有人来弥缝，所有的余零的青地，也都先后地荒芜了。畴昔，我还由缺陷的罅隙，流出待人不至的流水，让它冰凉地挂在脸上；现在呢，我的一切都枯竭而衰老了！现在我已经走上这辛苦而荆棘的成年路上，我只有凭吊那悄悄地，漫漫地消失了的青春而已。有时，我强为欢笑地想：我怨恨么？不，不，我永远会记忆着，我爱过，我也被爱过；我曾有过青春的时候，我也曾有过一度青春灿烂的时候！

过去的八年中，听说芸姊已经做了几个儿女的母亲。她的家族，听说已经沦散了，她的父母，都是可怜地死在客地……

我的心，虽时刻地如焚地惦念着芸姊，但是没有机会重逢了。我恨不能寄在那春天的飞絮，秋天的落叶上面，让它把我带到芸姊的阶前窗下，让我飞绕着她的身边：即或道不出“平安”，也可以看一看她是否别来无恙。

唉，这都是梦吧！我但愿在芸姊不知道我的地方，我永远地为她祝福吧！

一九三〇八月改作

秦妈

暑天，和弟弟一同在家里歇假，每天除了练习写字之外，便时时谈起童年的故事。童年的事迹，虽然像一块糖似的渐渐化了，但过后回味起来，仍然觉得甜津津的。有时候我们真忍不住地狂笑起来；有时却也自然而然地互相沉默了起来，有一次，弟弟和我谈到养蟋蟀的故事。

“我小的时候，最喜欢养蟋蟀；蟋蟀就是我的命……”

“到现在家里不是还有你的蟋蟀罐子么？”

“是的，那时整天价为它忙，什么二尾三尾……什么铁丝罩子，什么毛的探子……”

“那时我正进中学吧？我记得没有和你一同玩过。”

“我记得你还尽和我捣乱呢，让你弄跑过好几个。”

“我不记得了。”

我们都笑了，好像这一笔旧官司重提起来很有趣。

弟弟谈了许多关于蟋蟀的事，并且又回忆起当年的小朋友来了——他的小朋友叫格子，是秦妈的一个小女孩子，曾经帮他小心翼翼地饲护过蟋蟀，也会随他偷偷摸摸地在月夜里去向草深墙隙处寻过蟋蟀……

弟弟的回忆，顿时在我眼前展映出一幅美丽的图画：那是两个小孩子的天真的笑影，那是一对烂漫和好的游侣的跳舞……他们的世界，就是天国；他们的玩物，就是他们的宝座，不，他们不懂得什么叫宝座，玩物或者就是他们的生命了。

在这样谈说往事的时候，我的心底，也同时觉得一股热血在澎湃起来；我虽然无须眯一下眼，我仿佛已经从一个噩梦里醒觉过来了——那是使我心悸的，那是使我震撼的；那是使我永远不能遗忘的一个遭遇！这遭遇是光荣还是侮辱，是获得还是损失，我从来没有勇气去估量过它；因为它是一个秘密，从来只是深深隐藏在我心底的秘密，也是从来没有被人发觉或猜疑过的一个秘密！这秘密的确让我隐藏得过于周到了，所以每逢回想起来，我觉得它是太充实而浓厚了，使我周身的血液澎湃激荡；使我感到一种特殊的压迫——的确的，也有一种特殊的痛苦滋味在里面。

直到如今，除了自由以外，恐怕没有一个能够释放我的。在这里，我应当遥遥地、渺茫地向秦妈表示歉意了，其实，人间一切的过往，都如朝露已经晞了，人间有什么真是值得秘密的呢？

秦妈，是我永远不能忘记的一个女人，并且，在我和秦妈在一起的那个时代——我的青春正是萌芽的时代，也永远不能在我生命史上泯灭了。

我进中学的第二年，秦妈到我们家里佣工来了。她是一个活泼的、二十多岁的年轻的少妇，我初次看见她的时候，好像记得在哪里已经看见过她；她的眼光和举止，都似乎对我很熟习而且很适应的——其实我以前并没有看见过她，这大概是人与人相投的一种自然的现象吧。

——她一定会对我好的，当时我曾这样地想，同时我还觉得家庭的空气比以前浓厚了：并不是因为多添了一个女仆，而是觉得寂寞的篱笆上边，仿佛盘起一簇油绿牵牛的藤和叶了。

不久，暑假便到了，期考刚完的那一天，我便由学校的宿舍，匆匆搬回我自家的小屋来了。

母亲说，假期里面应当好生休养，在家里可以无须再用心思了，想吃什么，秦妈都会做的。

果然，我的饭量渐渐增加，母亲除了欣喜之外，每天尽喋喋地归功于秦妈。是的，连我也是一样的感谢着秦妈，因为她的烹调的才干，是我所称快而赞美的。

弟弟，那时大约正是好玩蟋蟀的时代，他宁可以连饭都不吃，也要叫秦妈给蟋蟀预备下嫩毛豆或瓜心和米粒一类的饲料。有些时候，真是把她缠得不可开交，譬如一定要她去搜罗一些陈年的瓦罐，或者勒令她找几根鼠须，做成一个蟋蟀探子，以便蟋蟀们互相战斗。

在夜晚，也让蟋蟀休息去了，大家都坐在院里乘凉，每天差不多都是我先回到房里去，可是上了床也不能立刻合眼；因为直到很晚的时刻，秦妈还在院里哄着弟弟，把她所会的小曲子一个一个都唱出来给弟弟听。她的歌声也同时传到我的耳里，或者因为我“聪明”一点吧，她唱的曲子我都懂得，并且我还被她的声音感动着：我睁着眼，我也做了不少美丽的梦。

有一次，我真的踏进梦的园地了。

夏天，黎明的时候——也不过四点钟的光景，鸡还未曾啼，麻雀也不曾出巢；院里只有朦胧的雾色，房里仿佛还罩着昨夜的灯烟与蚊香……我蓦地发觉了我的身旁，还卧着昨夜为我拂蚊扇凉的秦妈，她没有回她屋里睡么？已经过了一宵了；真的过了一宵了……

不久，她醒了，很自然地醒了，我也顿时觉得身旁更温暖了起来……

啊，天！是肉的山，是发的海，是人的气息……是默默无言的灵与肉的交流……

虽然，仅仅是一个刹那，但已经饱尝着人间浓厚神秘的味道了。

“你坏！”

“……”我想辩白我是一个刚刚十五岁的孩子，可是“羞耻”制服着一切；我于是不得不默认她这并没有恶意的评责了。

此后，她便像一个小母亲般的更加爱护我了；此后，我把她当作我所栖止的青山，她把我当作精神上的源泉……

此后，我们继续耕耘着我们梦的园地，幽静地，悄悄地；不需什么雨露，也不计将来的得失。

梦是短短的，没有久长的便是梦了。

自从秦妈离开了我们之后，弟弟还有时看见过她的女孩格子，而我却没有看见过格子的母亲了。

据说秦妈离开我们不久便失踪了；还有的说，秦妈已经死去了……

关于秦妈的无论什么消息，传到我耳里来的都像挟着过分的刺激，使我的心灵，由无数次的抖颤而终至于迷惘了。

这也是四五年前的事了：有一次我在万寿山麓下的一个汽车站前逢见秦妈。

她抱着一个孩儿，不是她的，她在附近还是为人家佣工，气色已经变得非常憔悴。

青山还是青山么？源泉还是源泉么？一切的梦，可都消逝了……

——我的小母亲啊！

我几次地想这样唤她一声了。

“你已经成家了么？”

“没有……”

“你的母亲还好么？”

“前年便去世了。”

“是真的？”

“……”我还能回答什么呢？我看见周围的人，马，车辆，树木，都仿佛迷蒙起来了：是“这个”世界么？是“这个”世界里的人，马，车辆……么？

汽车不久便到站了，我虽想犹豫一刻，但犹豫总没有果断好，虽然各有各的辛酸的滋味。

车开了，我尽力向回看，但沙尘弥漫着一切了，我想她一定也是尽力向前看吧？沙尘会同样弥漫着她的眼界的。

同是茫茫地无所见了……

韩学监

七八年以前，我正在城北的 F 中学里读书。那时我不知怎样会成了全校的一朵异花，不，也可以说是三百多同学的矢的。到现在回想起来，我也不能明白那些似乎疯狂了的同学们，他们对于一个天真烂漫的孩子，是抱了爱意的相亲，还是存着恶意的缠闹。

再也没有比那时更苦恼的了，我进 F 中学的那年，便是我初次离开家的一年。看见那整齐而庄严的校舍，虽然从心里暗喜，暗喜我已经是一个中学生，但是身子一走进学生宿舍，便不觉感到寂寞与孤独的酸味了：那薄薄的两块板，那漆黑而古旧的书桌，那晦暗透不过光明来的玻璃窗……在在都使我抑郁。想到自己在家里的小屋，有自己睡惯了的小床，用惯了的小桌和小凳，它们永远是亲切地迎待我，绝不像这宿舍里的一切东西，冷冰冰的，要我低声下气地去俯就它们。

所谓我的一切同学们，一个个都老得像我在小学里的先生们了。结婚，不要说；孩子大概都已经有了。我暗察他们的面庞与眼色，除了使我厌恶嫌避之外，实在没有一个可亲的。

最不幸而苦恼的事，恐怕我遭遇得也最多了。和我一个寝室住的几个同学，偏偏还是几个不但使我嫌厌，而且使我恐怖的人。他们之中，有两个是带着丘八气的兄弟，另外还有一对是富于参谋性的策士，也是兄弟，其余还有一个禀赋着牛力的大汉——听说他的家乡是以眼药出名的定县，然而他的眼色，似乎并不高明，而且极度地狞恶。此外还有一个表面很和蔼的李君，他是当时学监兼舍监陆先生的外甥。讲起他的身份，在我们寝室里恐怕最显贵了。高昂的，他那种傲然的气概，时时会从他冷笑的牙缝里透出来。

在这样人才济济的同寝室之中，可惜我只是一只孤独被压迫的羔羊。他们谈笑自若，他们联成了一条强悍的战线。

存了挑战态度的他们，自然时时想着和我寻衅，他们会放步哨，派侦探，下动员令……而我呢，只有让防或逃阵的方法避免和他们接触。不过每次的结果，败绩的我，蒙头在被里哭泣一阵，凯旋了的他们，聚集着放几声洪亮的欢笑。那时掌着最高裁判权柄的陆先生——学监兼舍监，公理或者尽在他的怀里，但一想到他是李君的舅父，我再也没有一点勇气去诉冤了。

差不多每天打过熄灯铃后，我总要等很久很久才能入睡的。有时候悄悄地又起来，悄悄地在宿舍的小院里踱来踱去的。看看满天的星辰在闪烁，晚归的流萤，在檐头或墙角处一明一灭地逗着我凄楚。唉，那些在小学里的爱我的先生，那些常常和我一起游戏的小朋友们，现在已经都不在我的眼前与身边了。还有，那最会疼爱我的母亲，她一天一天地盼望着星期六的下午，盼着我回去，给我预备了我所爱吃的东西，问长问短的……我想起家里那边的温柔和爱，我又想起了这里的冷酷凄凉了。在两相比较之下，真是禁不住地把我那可爱的童年的心地上，刻划了许多深浅凹凸的痕迹！

真无怪那时每逢写到信，总离不了“人地生疏，寂寞万状……”等滥调。记得那时还订过一本小册子，题名“无聊寄恨”，那上面也无非写满了“呜呼！……嗟呼！……人生！……”等等感伤的牢骚罢了。

第一个学期终于挨度过去了，我离开宿舍的那一天，真好像笼鸟得着施放；由监狱泳到彼岸了！

家里的人都说我沉默多了，好像大人；是的，一个满身疮痍的人，他没有余力欢跳了，至多，他能笑一笑，那是为的止住了哭。

第二个学期开始了，同寝室的几个都已掉换。学校里倒依旧没有什么更动。那位学监兼舍监陆先生——我这里这样称他先生，其实当时的同学们都喊他的绰号：陆嬷嬷，还依旧高在其位。不知什么缘故，全校都渐渐对他厌恶了。讨厌他的言语和腔调，讨厌他的举止、动作、容貌……总之是讨厌他的一切，因为他整个儿像一个妈妈。

在无言的时间的进程中，我在校里却渐渐得着人缘了——但，天！我是不稀罕这种“缘”的！它真如同春风般地吹遍了全校；洪水般地泛滥到每个人的耳里了。那时，我好像立在F中学校的旗杆上了，没有一个人不知道的，就连校长，或者是夫役。

越是高年级的同学，好像越是癫狂，他们整天地成群结队地呼嚣，狂笑，咳嗽，或鼓掌。他们有时候牺牲了他们的上课时间，就为立在院里和我一见。我理一次发，他们奇怪；我换一件衣服，他们也奇怪。我每次都被他们品评得把脸涨红了，他们仿佛才得胜一般地散去了。

那时候食堂、盥漱室、贩卖部、操场……都是我的畏途。一天之内，除了上课的时间好像受了相当的保险以外，其余每时都有被拖被绑的恐怖。有时候被拖到他们的寝室里去，他们铁桶似的围着我，有的摇头摆尾，作出许多滑稽古怪的样子逗我笑，我真是莫名其妙，我笑了又有什么值得可看的呢？

委实地，我当时是全校里一个最得不到安宁与自在的小学生了。

就在这哭笑不得的氛围中，我又度过去一个学期。暑假后我便是二年生了。校中虽则走了两班会闹的老学生，添了两班还寻不清门路的新生，但这些好像于我没有什么关系，我是依然感着不安宁与不自在的。

大约是初冬吧，陆嬷嬷终于辞职了，全校人心一快。这时最紧要的消息，就是关于候补人选究竟是谁的问题了；可是传言不定，众说纷纭，大家都是翘首盼望着新学监的出现。

后来，布告出来了，新聘的学监姓韩，听说他是新才从美国回来的。

韩学监莅校的那天，全体的学生都集在大礼堂里预备欢迎他，把偌大的礼堂，挤得水泄不通了，这是我到中学后历来未曾见过的一种盛况。

校长作过简单的介绍后，于是大家都聚精会神地把目光移到韩学监一个人身上了。他从容地走到坛前，笑容可掬地向大家鞠了一躬，停了一会儿，他便开始了他的演辞。

大意是说：我也是新从学校里出来，我实在不敢当称这个学监的职分……我并不懂怎样管学生的……只要不出乎学校里的规矩，大家尽可以活泼地玩，我从来不喜欢那些年轻的人，一个一个都像书呆子……

自然的，比起陆嬷嬷那以严格、专制政策自命的，真是不可以道里计了！那时立在台旁的校长，好像意想不到他会请来了这么一个会尽教学生玩的学监，他不是摸一摸胡子，就是望一望台上的韩学监，他的墨色眼睛放射出来的光线，在大礼堂里晃来晃去。

韩学监演说了一点多钟，无论从言语方面，学问方面，态度方面……都是令人景仰的。他的演说乍一止，热烈的，如雷般的掌声便在大礼堂里震动了。那时，我欢迎韩学监，也正如同大家欢迎韩学监的心理一样。

一星期过后，我们第一次上韩学监的集会班，礼堂上的人，差不多还和他初到校的那天一般多。我们猜想他即或不讲“四维”“敬师长说”，也要讲一点美国教育概况的，但，全不是的，他的题材，完全是出乎我们意料之外。

“今天我要对大家说的，就是关于这一周来我在学校里发现的一点东西……”韩学监时时用手摸着他背心上挂的一条表钟，和蔼地继续说。

“这种习气，或者不专专在我们学校里，然而我总希望我们学校里不要有它……

“都是一样的同学，为什么要把人家当作女性呢？我不知道 ×× 是谁，但我想他一定被你们包围的，一定时时都受你们的欺负……

“我在学校的墙壁上，看见了许多粉笔字，写来写去的无非是写的人想占些便宜。这礼堂背后的一条过路墙上，就是写了很多很多的……”

这时，礼堂里的人头，都在攒动了，还有许多人回头，仿佛寻找谁似的。幸亏我身材低，又坐在后面。所以没有被许多人发现。韩学监的话，仍然继续着。

“什么‘某某是某某的妻’，‘我爱某某’……这些话，写来有什么用处呢？果真写了这些便是真的了么？这正是代表那人是无聊的。我希望这些粉笔字，在我没有发现的地方，谁写的谁还擦去，我所看见的大约都叫堂役刷净了。”

我当时在礼堂里真是惶羞得什么似的，因为那些粉笔字，连我自己也没有怎么看见过。韩学监在这第一次集会班里便提出了这一桩事，这一点钟的演说，似乎完全为了我一个人，真是给我出了一口大气，我想。

不久，韩学监便认识我了，我也不时地便到他房里去。

从此，韩学监就好像成了我的一个保护者；因为同学们都对他敬爱，所以我并没有受什么外来的反感。

我好像渐渐从旗杆上落到平地了，F 中学的重心，也就渐渐移到韩学监一个人的足下。

然而，在校长的心里，已经收藏了许多从他墨色眼镜里的见到的东西了。终于因为重心转移的问题，校长把韩学监又辞换了。韩学监走了之后，学校里曾起过多次的风潮，多次危险的斗争……

我不久就转到旁的学校去了。

前年我从远道归来，在平津的火车里遇见过韩学监一次，我们都是风尘仆仆的，彼此望着被风尘消毁了的面庞。

“你还记得当年在 F 中学的事么？”他揉着掌，望了我一眼，又把视线急忙投到车窗外边去了。

我记得我当时没有回答出什么，我倒是笑了笑。过去毕竟是过去了，当年那些疯狂似的同学们，恐怕也有不少去做旁人的学监了……

弟弟现在也在城北的 F 中学里，他说当初的礼堂，已经改了教员休息室；当初韩学监住的地方，已经改建了图书馆；当初的寝室，现在只是堆积着东西……

F 中学，真有多少年没有去过。我去，我也不会再找到当初的许多陈迹了！

韩学监的家，现在大约还是住在什刹海的北岸，我想到这里，心里仿佛找着一些慰安似的了。

守岁烛

蔚蓝静穆的空中，高高地飘着一两个稳定不动的风筝，从不知道远近的地方，时时传过几声响亮的爆竹——在夜晚，它的回音是越发地撩人了。

岁是暮了。

今年侥幸没有他乡作客，也不曾颠沛在那遥迢的异邦，身子就在自己的家里；但这个陋小低晦的四围，没有一点生气，也没有一点温情，只有垂死般的宁静，冰雪般的寒冷。一种寂寥与没落的悲哀，于是更深地把我笼罩了，我永日沉默在冥想的世界里。

因为想着逃脱这种氛围，有时我便独自到街头徜徉去，可是那些如梭的车马，鱼贯的人群，也同样不能给我一点兴奋或慰藉，他们映在我眼睑的不过是一幅熙熙攘攘的世相，活动的，滑稽的，杂乱的写真，看罢了所谓年景归来，心中越是惆怅地没有一点皈依了。

啊！ What is a home without mother？（没有母亲的家是什么？）

我又陡然地记忆起这句话了——它是一个歌谱的名字，可惜我不能唱它。

在那五年前的除夕的晚上，母亲还能斗胜了她的疾病，精神很焕发地和我们在一起聚餐，然而我不知怎么那样的不会凑趣，我反郁郁地沉着脸，仿佛感到一种不幸的预兆似的。

“你怎么了？”母亲很担心地问。

“没有怎么，我是好好的。”

我虽然这样回答着，可是那两股辛酸的眼泪，早禁不住地要流出来了。我急忙转过脸，或低下头，为避免母亲的视线。

“少年人总要放快活些，我像你这般大的年纪，还一天玩到晚，什么心思都没有呢。”

母亲已经把我看破了。

我没有言语。父亲默默地呷着酒，弟弟尽独自夹他所喜欢吃的东西。

自己因为早熟一点的缘故，不经意地便养成了一种易感的性格。每当人家喜欢的时刻，自己偏偏感到哀愁；每当人家热闹的时刻，自己却又感到一种莫名的孤独。究竟为什么呢？我是回答不出来的……

——没有不散的筵席，这句话的黑影，好像整整投满了我的窄隘的心胸。

饭后过了不久，母亲便拿出两个红纸包儿来，一个给弟弟，一个给我。给弟弟的一个，立刻便被他拿走了，给我的一个，却还在母亲的手里握着。

红纸包儿里裹着压岁钱，这是我们每年所最盼切而且数目最多的一笔收入，但这次我是没有一点兴致接受它的。

“妈，我不要吧，平时不是一样的有吗？再说我已经渐渐长大了。”

“唉，孩子，在父母面前，八十岁也算不上大的。”

“妈妈自己尽辛苦节俭，哪里有什么富余的呢。”我知道母亲每次都暗暗添些钱给我，所以我更不愿意接受了。

“这是我心愿给你们用的……”母亲还没说完，这时父亲忽然在隔壁带着笑声地嚷了：“不要给大的了，他又不是小孩子。”

“别睬他，快拿起来吧。”母亲也抢着说，好像哄一个婴孩，唯恐他受了惊吓似的……

佛前的香气，蕴满了全室，烛光是煌煌的。那慈祥、和平、闲静的烟纹，在黄金色的光辐中缭绕着，起伏着，仿佛要把人催得微醉了，定一下神，又似乎自己乍从梦里醒觉过来一样。

母亲回到房里的时候，父亲已经睡了；但她并不立时卧下休息，她仅沉思般地坐在床头，这时我心里真凄凉起来了，于是我也走进了房里。

房里没有灯，靠着南窗底下，烧着一对明晃晃的蜡烛。

“妈今天累了吧？”我想赶去这种沉寂的空气，并且打算伴着母亲谈些家常。我是深深知道我刚才那种态度太不对了。

“不——”她望了我一会儿又问，“你怎么今天这样不喜欢呢？”

我完全追悔了，所以我也很坦白地回答母亲：“我也说不出为什么，逢到年节，心里总感觉着难受似的。”

“年轻的人，不该这样的，又不像我们老了，越过越淡。”

——是的，越过越淡，在我心里，也这样重复地念了一遍。

“房里也点蜡烛做什么？”我走到烛前，剪着烛花问。

“你忘记了吗？这是守岁烛，每年除夕都要点的。”

那一对美丽的蜡烛，它们真好像穿着红袍的新人。上面还题着金字：寿比南山……

“太高了一点吧？”

“你知道守岁守岁，要从今晚一直点到明朝呢。最好是一同熄——所谓同始同终——如果有剩下来的便留到清明晚间照百虫，经这烛光一照，百虫便无影踪了……”

在烛光底下，我们不知坐了多久；我们究竟把我们的残余的，唯有的一岁守住了没有呢，哪怕是蜡烛再高一点，除夕更长一些？

外面的爆竹，还是密一阵疏一阵地响着，只有这一对守岁烛是默默无语，它的火焰在不定地摇曳，泪是不止地垂滴，自始至终，自己燃烧着自己。

明年，母亲便去世了，过了一个阴森森的除夕。

第二年，第三年，我都不在家里……是去年的除夕吧，在父亲的房里，又燃起了“一对”明晃晃的守岁烛了。

——母骨寒了没有呢？我只有自己问着自己。

又届除夕了，环顾这陋小，低晦，没有一点生气与温情的四围——比去年更破落了的家庭。唉，我除了凭吊那些黄金的过往以外，哪里还有一点希望与期待呢？

岁虽暮，阳春不久就会到来……

心暮了，生命的火焰，将在长夜里永久逝去了！

哥哥的死

在沉寂的，将近午时的空气中，突然听见母亲的哭声了，我急忙跑到北屋去了。

哥哥笔直躺在床的当中，那些从鼻孔里流溢出来的褐黄色安眠药水，已经把他的两颊和腮下染得一片模糊了。母亲紧紧伏在他的枕畔痛哭着，她的手，一下一下用力地捶着床沿和她自己的胸脯。

——怎么？在这样大声的哭号中，哥哥怎么一动也不动呢？……

因为我是第一次临着这人生最后的一场，我的脑中才迸出了这个疑问，但不久，四围的情景告诉我：

哥哥是死了！

我放声地哭了出来，我看见母亲和弟弟的可怜的样子，我哭得更痛切了；尤其是，平素哥哥所讨厌的仆人也在一旁流涕，这使我悲痛上又加悲痛了：连他们也都可惜我的哥哥么？

母亲叫我和弟弟到堂屋里吃饭去，但谁也不能下咽了。望见壁上哥哥的相片，又不禁跑到相片前面哭起来了，其实，真的哥哥还在隔壁的床上躺着，只因为是一个紧闭了眼睛，怪骇怕的相貌，所以我和弟弟仍旧向相片上寻着我们那个笑容的哥哥了。父亲从外边回来的时刻，全家又是一度沸腾了般的哭号。

“正是十二点钟的左右，我坐的一辆车子偏偏在路上断轴了……”父亲哽咽地继续着说，“唉，毕竟是不祥之兆，骨肉分离！……”

我们听了父亲的话，毛发悚然了！

恐怖与阴霾罩满了的一日，不久就是夕暮的时刻了。太阳落去之后，全个的世界，仿佛都被幽灵占去。平时最胆怯的我和弟弟，又明明记着“死”和“鬼”是有关联的一回事情，我们觉得现在的心里，混着变了像的哥哥，青面獠牙的鬼，穿着黑衣服恐怖的死神……我们的心，忐忑着，激跳着，一刻比一刻地紧急。……

第二天是哥哥入殓的日子，母亲叮嘱我和弟到外边游玩一天去。当我从堂屋门口经过时，一眼便瞥见哥哥的尸身，已经静静地放在屋子的当中了，他的身上蒙了一条黄色的经被，乌黑的，一丛头发，却还露在经被的外面……

记得那天我是同弟弟到一个很远很远的庙会去的，庙里有许多卖甘蔗的摊子，那正是阳春的天气。

我们回家的时候，哥哥已经被装进一口漆黑的棺里，高高停在板凳上面了。屋子和院里，都嗅得着一种石碳酸的气味，在这气味里，好像四围更低压而且寂静了。

母亲说，哥哥的东西都给哥哥带去了：他的证书，放在身边，他的徽章，挂在胸前，他的一支赭色的水笔，也依旧插在他的襟上……他统身的衣服是新的，头上还戴着一顶黑色的礼帽……

“直到入殓的时候，他的两只眼睛还没有瞑尽……”母亲说到这里，又痛切地失声了。

在治丧的期间，不时地就有人来吊唁。有的立在灵前读着沉痛的祭文，读罢了又用烛火焚去；有的抚棺痛哭一阵，哭罢还要带着余哀回去；虽然也有些默默鞠罢三躬掉头便走的，可是在他们的面上，也可以同样地找出那种深深惋惜的表情……

自然地，那都是哥哥生前的好友，好友中丧去一个，就如同你自己的身体与灵魂也死去一半了！诗人不是这样地说过么？

可怕的时间的过隙，真如同一条飞奔的瀑布：多少的砂石，被它冲泄下去；多少的泡沫，是瞬间地诞生，又瞬间地泯灭！

没有几天的工夫，哥哥的灵柩，便围在许多花环中移出去了。母亲一直哭送到门外。那是和她永诀的长子，是她倚闾再也不能望到的长子！

那些预先和哥哥订好了一同放洋的朋友们，不久就听说都按着船期走了。

是的，无论怎么样伟大的前程，锦绣的来日，都是要生者去走去行的，但是，哥哥死了，哥哥的一切都休止了！

…………

虽然哥哥才死了十多年，在社会上，有时偶尔听到一两个耳熟的人名——哥哥的朋友，已经觉得是隔世一般了。可是这一两个名字，仿佛对我越发亲切了似的。——其实，他们又哪里会知道我是知道他们的呢？

对于终古如斯的“人潮”，打上来，淘下去，升了，沉了，我只是茫茫然的，我并不觉什么悲戚。就是想到早经死去的哥哥，我也不再徒自流泪了。

然而，有时在极微细的感印中，偏偏又抚着那一把悲哀的钥匙了。譬如在阳春时候的甘蔗，在世界的任何处，任何人的口里，恐怕都是最甜的东西，然而每每在我咀嚼过后，我仿佛尝到里面还含着一种酸苦的余味似的。有时候在路上逢着那些活泼泼挂着和哥哥同学校的徽章的青年，或者襟上也是插着一支褐色水笔的人们，我心里便又黯然下去了……

触景兴感，原是人的常情，我不再奇怪它。不过我时时被浸在一种悲哀的深渊里，那是我不能得到解脱的——

我时时刻刻在期望着我的弟弟能够前进与努力，但结果总是使我感到一种失望的悲哀。当我悲哀的时候，我并不反悔我那种期望是错误的。不是么，我现在常常想到我的哥哥——也许当时我太年幼吧，他对于我，好像并没有什么希望与期待似的，以致直到现在，我还深深感着一种空幻的、孤独的、漠然的悲哀！

十年来虽然在梦中还时时逢着不死的哥哥，但他从来还不曾为我解去这个悲哀的结扣呢。

苦别

我和她，别离过两遭了；两遭苦别的痕迹，深深刻镂在我的心底。

一次是乍爱就被分散，一次是要爱而没有可能。唉，在这个当儿的别离，不但是辛酸而痛苦，同时它把我们青春的颜色涂毁了，它简直是世间一个最残酷的徒刑！

现在，重逢是没有丝毫的机会，那再度的别离，当然是渺渺茫茫的不须臆测了。

但过去的两遭苦别的痕迹，已经永恒地、深深地刻镂在我的心底了！

那永逝了的是母亲病室里的黯黄的灯光，那不止的是扬子江上的流水；那弋矶山下飞溅的浪花，那江潮拍岸击石的悲吼……

我们的青春，仿佛同着灯光悄悄地逝去了，只落了流水和江湖在那弋矶山下永远笑弄着我们，笑弄这悲欢离合无常的人间！

六年前的一个春天，我记得是三月初七——姨母和她临行的前晚，母亲依然病着，姨母只是无言地含泪坐在她的床前，我和她——那个作了人家养媳的孤女，也尽随着她们缄默着。

午夜了，母亲望一望我们，于是打破沉默地说：

“你们该睡了，明天清早还要赶车的。姨妈不久也要和我睡了。”

无言地，我们都各自回到房里去了。最凌乱不堪的是我那时候的心绪。

——只有这几小时了，明天这时我已经睡在学校的宿舍里，她们还在路上。母亲呢，依然是病在家里，恐怕更孤寂而伤心了……

——此后，是遥遥地隔着山河；迢迢地从异地相思了。那才生一个萌芽，一条细丝，就从此让它中断，让它枯槁了么？……

我在房里不但没有就寝，我还围着房子踱来踱去地，自己好像伏在什么轻飘飘的翼上，居高临下，悠悠然地估量这全个的不幸与哀愁的人间。

放在案头的一个马蹄旧钟，一声追着一声地嘀嗒着嘀嗒着——

房门，没有风吹，也没有魔机在催动，不知怎么忽然生了一条空隙，徐徐地，就在那空隙上露出了一个苍白的面庞。这时，与其说我是十分被惊骇着，倒不如说我是在极力地想镇定着了。

在那苍白的脸上，似乎仅只嵌着一对晶亮的眼睛，它仿佛是晴白的天空上流动着的两头黑色的异星，再也没有比那更神秘，再也没有比那更摄人的了！

虽然我知道是她，但我不相信她会带来了天使般的清丽，女神般的勇气，这已经是夜静更深的时候了！

“你还没有睡么？……”

她所需要的不是这声晚安吧？虽然晚安就是这仅只的一个了。

她仍然倚在门上，她的眼泪流下了。

“我知道你，你是不想就回南的；连妈妈也晓得……”

我轻轻地安慰她，她把头低下去了；此刻，她或者情愿接受了我的一切吧？

我牵着她的手，第一次这样牵着她，想悄悄地把她送回安息去。但经过我卧室旁边的两间书房时，我的两臂把她的颈子挽住了，于是她也立着毫不动弹。

黑暗中永远是充实的，饱藏的，或者正因为过于浓郁，它的颜色才变得黝黑吧。其实，爱的锦匣，也无须光明照透到他的深处去。

她的脸，是津湿的，我知道；我的脸，是灼热的，她也知道；她还知道她的舌尖在我的口里么？她还知道她给了我一次永也不能回报的恩惠么？

最初的一个长长的接吻：也是最后的一个了……

从窗洞望到北边的院里，一切都是漆黑的，就连屋脊和树梢也分不清什么轮廓来。这时，只有母亲房里不曾灭去的灯光，融融地把两面小窗映作黯黄的颜色。

——一对老年的姊妹，是不是还沉着苦脸，想在对视中挽住这别离以前的时光呢？她们不会想到有一对初生幼翅的小鸟，在另一个世界里学着飞翔吧？无可奈何的缺陷，青年人们常常不惜以爱的花朵去填缀它。……

再也没有比那一夜更短的了；我仿佛才逃出生的世界，跨进一步梦的国土，早已有人推动着自己的肩背了：

"醒醒呢——醒醒呢——要走了。"

我睁开眼，定过神，我依然朦朦胧胧地不知自己在哪里。听见门外搬运行李的声音，才真个把我从幻梦里擢出来了。

姨母从母亲房里默默地走出，几乎连头也不忍再回一次，母亲斜着身子坐在床上，这仿佛表示她已经给她们送行了。

都没有话，反是我说了一声：

"我们走了。"

天色依然是同铅灰似的，街巷的路灯，仿佛很疲倦地剩余着莹莹的豆光；在这时候，我们走了。

在火车里，虽然我暗中把她的手握得津湿的——或者使她感着疼痛了也未可知，但车到天津之后，我便不能握她了，再也握不住她了。她和姨母换了津浦车南下了。

当晚我在N校的宿舍里，一切都似乎比我所预想的还凄楚，还孤独。

那年暑假回去，母亲首先便提起那次的别离了。

"……那一夜，我和你姨妈始终没有合过眼。"

同样地，挽不住别离以前的一刻的时光；也填不满人间任何的一个缺陷……

在那一年的冬天，母亲去世了，我便起始成了世间的一个孤独的游子。我穿着旧日的衣裳，带着我这颗新创的心到各处去漂流。上帝祝福我——在海外落魄了几年，又安然无恙地归来了；上帝祝福我，我也曾把我的足迹印在岭南与关北……直到现在，还仍然在这荒漠人生的路上独自向前蹒跚。痛苦时我会发出一种被命运降伏的微笑，疲惫时也想不起世上会有一个归宿的地方给我……

上帝祝福我，任我漂流的期间，有一次把我带到江南的姨母家里去了。

我以为她们一定欢跃地去迎接一个长途漂流的游子，哪知乍一对面，便都哭泣了。别离是痛苦，而相聚也往往感到一种痛苦以上的悲哀。

姨母似乎别来无恙，而她，那个孤女，仿佛比以前更消瘦了。姨母说，她害过几次很重的病，幸而都转愈了。她健康的时候，一个人真可以当作两个人用：又淘米、做饭、洗衣服，又提水、缝纫，并且看护两个幼年的侄女。天长的时候，还到工场里去织几个钟头袜子。

愿上帝也永远祝福这个不幸的女子吧！

我在她们那里的时候，也正是春天，野地，山头，塘畔……都看着春草一天比一天地葱绿了；那绵样的浮云，暖流般的熏风，最是使人感到荡然，悠然，醉然了。

然而，在这样可赞美可歌咏的生气勃勃的春天，我却越发地心灰意懒。

在姨母家里住了不久，姨哥、姨嫂、姨弟——她的未婚夫……都和我非常的亲昵了，然而这些的亲昵，也敌不过两个小小眸子所发出的那种无声的言语，使我感着无限的体贴与温柔！

唉，我不能放出我可爱的那个小鸟；同时，我自己的一对爱翅，也无形地被他们紧紧束缚起来了。

莎翁说过青年人的爱是眼睛，眼睛——就是眼睛吧，眼睛的爱，已是尝受不尽了！

不作兴的连绵的春雨，在我要走的时候落起来了——实在是愁人不过的春雨。姨母却还强为欢笑地说：

“人不留你，天还留你。”

——不幸的人们，携手不是，观望更不是；世界上根本没有他们的去处！但，我要走了，无论如何我要先自走了！

终于，匆匆地来，又匆匆地去了。

临行的前日，也如同在一个梦里……我不去回想那些了，那些同是使我在心底刻镂着痛苦痕迹。

记得离别的那天早晨，外面弥漫着最浓的白雾，以致到了江边，船还阻在上水没有赶来。我看不见她们了，她们也不知道我还没有离开她们的乡土……

我万也不会料到，在我过路中的过路，我一度徘徊到弋矶山的山下了，那里回绕着如带的长江，江水的波浪，一波逐一波地拍着岸，击着石；泡沫是瞬起又瞬落着；一会儿是怒吼，一会儿低低咽泣……

正想攀到山顶任情一呼，但汽船已经从西边远远地来了；唉，呼也无用，我毕竟是要赶着船去的！

船开的时刻，已经是午后两点了。

——你的眼泪已经干了没有呢？愿上帝永远祝福你！

——我去了！

在那下水的船里，我一个人枕着我的一双小箱卧着，我想到她，想到我自己，真仿佛是一篇通俗小说的题材了。

我所枕的一只小箱里，藏着一个小小的纸包，那纸包里裹着一缕长长的女人头发，结着一个小小的红结——这是临别以前她赠给我的。

长发，永也不会离开我的……

两遭苦别的痕迹，更深地刻镂在我的心底了！

一九三〇年七月作

第二辑

东京纪事

——寂寞的留学生

楸之寮

在东京的近郊，属武藏野的境地，有一个电车站驿叫大冈山，恰恰在山坡处建着一所玲珑的小楼，那便是我住了五个多月的楸之寮。楼的东边，尽是一片参天的楸树，推开南窗，便可以看见那些长绿的枝叶，密密遮着半个青天；树干都直立着没有一点怠意。小楼好像完全要依赖他们的屏护，楸之寮的名字，大约就是这样得来的吧?

但，我爱这里并不是因为这些楸树，我所爱的是西窗外的一片景色；那峰影，那对面山冈上的疏松，那稀稀透出树隙处的几片红色炼瓦；还有，那高渺渺的碧空，那轻飘飘的游云，那悠闲的飞鸟，那荷锄的农人……没有一样不是画材，也没有一样是可以缺少的！假如你已经把窗外当作了一幅整个的图画的时候。

尤其是，清晨，落日，或逢到阴天的时候，窗外的景色越发新异得好看了。能使人陶醉，使人自己忘却了他自己，并且疑惑他怎么会和自然融在一起。那时感到生命好像有了它的意义与价值；并且，蓦地会给人一种幸福美满与愉快的情味，就连你做梦，也恐怕难于梦到的。

这里，楼上住着两个将要卒业的学生，楼下连我总共是四个人。他们都是高呼成性了，楼上才唱了一句高工的校歌，楼下便紧接着唱他们的“明治！明治！”或“庆应！庆应！”了。我实在听不惯那些不谐和的调子，我觉得这所楼有了他们是不幸的，因为他们都是这里煞风景的人们。

将近圣诞，大约因为考试的缘故，都变得鸦雀无声，圣诞以后，他们又都束装回里去了，占领这整个楼的是我一个人，我心里有一种得胜似的喜悦。

良子——这里的侍女，她每天除了给我送火扫席之外，旁的房里没有她的声音了，她的笑脸，似乎渐渐专赠了给我。不过，当她走了之后，我自己会想到这种突来的赐予，竟平地使我不安起来，探一探自己这颗饱经世故的心，它依稀是冰凉的；追溯那些曾经结在过往绳索上的不解的结扣，我真茫然了……

——一个劳苦的女子，一个还似乎在追寻着什么的女子么？每当她跪在我旁边拨炭，拨来拨去总不肯走的时候，我便禁不住这样想了。同时，我又想起了我们这里的那个年轻主妇。她时常在楼上和他们谈到深更，而良子如果在无论谁的房里稍停了一会儿，主妇立刻便会把她喊走。

这年轻的主妇，她有“梅林丝”的衣，雪白的袜，闪光的发钗；还有媚人的眼，声音与风姿，她想得到青年的欢心，恐怕就如同猎犬专会捕野兔一般的。

——劳苦的女子，你不要追想什么好了；你像一只被人缚着的绵羊，你不会吃着隔海的青草了。你的爱，也不过是黑夜里的一个萤火虫儿，世人都睡了，只有那高在天上的繁星，微微向你闪一闪同情的泪光罢了。止住你的追寻吧，留它陪护你的不老的青春……

夜深失眠，郊外电车已经渐渐死寂了下去的时候，我一个人躺在席上这样暗想着。我有时焦灼得几乎要跳了起来，我决心明天早晨把我所想的话都告诉她。

但，明朝，后朝……我还是如旧地缄默着不曾开过口。

元旦的那日，天气是异常的阴霾，午后，打在铅板上淅淅的雨声，已经传进耳鼓来了。这时，细细的雨丝，好像把郊外织成一层薄灰的、浅碧的轻纱，轻纱里还像混着缕缕的烟纹。

那一晚，大约是新年的缘故，良子被赦般的在我房里坐了很久。我们是对面坐着，中间放着一个火钵，四只手交错在炭光上。

“你猜，我像多大岁数的人了？”是她先问我的，我真料不到她会拿这个女人不喜欢问的问题问我。

“你么？也就是十八九岁的光景。”我诚实地回答她。

她听了这回答，立刻把按在火钵上的两只手，迅速地掩在面上了。

我正惶恐着我回答的失检，哪知她却这样说了：

“还十八呢，都快成老婆子了。”她那种害羞的样子，就从她低倾的头，耸着的肩，也可以清楚地看出来。

她告诉我她的年龄和我相仿——二十二岁了。

后来，我们又谈很久的话，但我的心情总是沉郁的。

最后她道了“请安息”，离开我的房子——没有一点声音，我知道她扭息了楼道的灯，厨房的灯，推开门正要回主人那边去的时刻，一种清脆的声音传到我耳里来了——

“外边敢则是下雪呢。”

——一股寒气，不会猛地侵袭了她么？

我随着便推开我的窗户，宇宙已经是清凉皓白的了，远处，靠近轨道旁边的灯光，模模糊糊地在苍苍茫茫雪的世界里照耀，天盖是一片乌黑的。

我就寝的时候，我还没有忘却刚才谈话时的情景。

——啊，年华，竟这般地能够敲动人们的心扉！它恐怕才是宰杀壮志的唯一利刃！

年假过后，良子忽然不见了：我以为她或者被主人辞退了。

——人生无缘无故地相逢，又常常是静悄悄地便永别了，我这样想，我心里是怏怏的。

过了几天，我正在房里读书，她——良子，忽然又在门处发现了。我真忍不住地狂喜起来。

“使你惊讶了吧？你以为我是不再回来的？”

她带来了许多相片给我看，她还说再回去的时候，拿一张她所最喜欢的赠给我。

春天并不是东风带来的，她好像被阵阵的微雨浸洗了出来。树木，野草，一天比一天的茵绿了，当初像鹿皮似的山坡，现在已经添了一番葱茏的气象了。

梅，桃，都随着花信风吹得先后地开放，我要回国的时候，正传说上野的樱花，已有三分开意的消息。

唉，我真是舍不得这里，舍不得这里的一切！

临行的前夕，我依旧沿着坡路归向我的住所，那落日时分的天上的彩霞，由橙黄而桃红而深红，而绛紫而茄紫……

回到房里，自然要倚着西窗，让我的眼睛作一度最后的收获。

落日已经沉在地平线下了，还有幅形的余晖，在富士峰后映射。夕霭已经浓厚了，不久就蕴满了冈下那一片低田，望过去真仿佛是一片茫茫的烟海，那几点藏在松林背后的灯光，陪衬得如同几个扁叶渔舟，送过荧荧的灯火一般。

那个劳苦的女子——良子，又有几天不见了。是被那个年轻多嫉的主妇辞退了呢？还是为回去取相片呢？明天此时，虽然窗外景色如旧，可是这房里已经变成空空的了。

果然是，人生无缘无故地相逢，又静悄悄地永别了！我离楸之寮最后的一刻，也没有看见良子的倩影……

一九三〇年六月改作

野村君

那山手线的高架电车，我知道她还是围绕着东京市在不息地驶转；她的速率还是那般风掣电闪，乘客还是那般拥挤在一起——有态度安闲的会社员，有美丽怀春的女郎，有年轻高挑的学生……早晨，晚间，她来回地渡着我，两年的光阴，并没有一点残留的痕迹了。

现在印在脑中的只有几个驿站的名字：目黑、五反田、大崎、品川……我初到东京的时候，正是地震后从事复兴的时代，一切虽然都很零乱，但从那些断壁残垣，劫后的余灰中看去，知道从前的事业就是非常可观的，现在又去努力草创，复兴，则将来更伟大的成就，已经使人预感到了。

夏天秋天冬天都过去了，在第二年的深春——樱花已经片片离枝了的时节，我在 K 大学开始入学了。

东京的地方，对我是极生疏的，所以每次出来，都要牢牢记住驿站的名字、次数等等。从我的住所去学校的一段路上，换一次车我是知道的，至于上了高架电车以后的站数、站名，我不得不用心记它了：目黑过去是五反田，五反田过去是大崎……学校是在品川其次的一站，叫田町。

K 大学耸建在一座小山上面，无论从前面或后面，都要拾级而上。迎大门的是一所庞大的图书馆，虽然在地震的时候被震掉一个角楼，但仍不能失去她那种庄严的气象……自然，我入学的第一天，什么对于我都是新奇的。因为种种的刺激与内心的空漠，我差不多像一个神经完全退钝了的人了。

我初进诵堂的时刻，这在我脑中是一个永远不能泯灭的印象，无数的视线，都集在我一个人身上，自然，他们对于我也是同样感觉着新奇的吧？

教室里的座位，后边都满了，恰好，在前边第二排，空着两个位子，我于是便把我的书籍放在那里了，除了后边，周围是没有人的，我的心里才渐渐安定了下去。

上课铃响了，一个来得最迟的，面色黝黑，目光很忠厚的学生，便坐在我旁边那个空的位子上了。

下了第一班，我们开始谈话了，我把我的名字告诉他怎么念法，他也给了我一张小小的名刺——野村兼市。从那天以后，我们便相识了，在班上他和我一样，除了对方以外，没有另外的朋友。我曾听说东京人是傲慢的，狡猾的，欺生的……野村君是广岛人，他大约也同样厌避那些东京人吧？我时常觉得他受旁的同学白眼和冷淡——不知是否因为他是外县人，抑或因为他同“支那人”——我的关系而被他们摒出范围以外了。

然而我们的友谊，一天比一天地深固——今天问早安的时候，就比昨天问早安的时候态度亲昵；心房更加跳动了。

因为我的日语程度很浅，又加彼此的性格都好沉默，所以我们每天畅谈阔论自不可能，就是在极度要表示自己情感的时候，也很少吐露出几句完整的语句来。

是的，我们是一对无言的朋友，我们脸上的表情，或者已经超过了需要以外也未可知吧？

在严厉装腔作态的石井英文先生班上，他是低着头静静地听讲，在松懈，像小孩子似的六笠德文先生班上，他是低着头静静地听讲……他永没有像过那一些淘气顽皮的同学，在英文班上可怜得如同淋过水的小鸡；在德文班上就仿佛充分自信着造反也无人过问似的。

有一次，六笠先生尽讲他的书，而后边却开起雪战了，有的淘气胆大的学生，故意把雪球向先生眼镜上掷，而先生却转过头去笑笑。在他们雪战正酣的时候，野村君把头低得更低一些了；这恐怕是防备“流弹”中伤吧？……还有一次，上课铃都打过很久了，而全班的学生都拥在楼窗处向下看，谁也不回他的座位。六笠先生上了讲坛，他们依然装作不知道的样子，那时野村君正在我的旁边，我问他：“怎么了？”“他们真是无聊。”他微笑着回答。

“先生来看，先生来看。”有人叫着。

那些围着楼窗不归座位的学生，也无非是要先生来看，并且想耽搁一些讲书的时间罢了。

六笠先生果然是个孩子，他也伸头向楼下看了。

——哈……全班哄堂了，六笠先生不好意思地正一正眼镜，从耳根处已经涌出一股害羞的红潮了。

在楼下，大约有两条狗交着尾。

全班继续沸腾着，好像要问出先生德文里这是什么字才甘心似的。

上石井先生的英文，大家都是受着拘束而感到头痛，所以每当他迟到十分钟以后，有人振臂一呼：“溜呀！”全体便一齐跑了。最初的几回，我和野村君都有些不好意思，但这是最干犯众怒的，所以结果我们也不敢作“害”群之马了。

有几回教室里还有不曾溜尽或溜得稍晚的学生，正好遇见石井先生挟着点名册子来了，他一声不作，也不问尽有一个或两个的学生，揭开点名册子便点起名来，这时，那些已经溜到别处，还在看风头的学生，却很可怜，不得已地又要一个一个垂着头向回走了，而结果，反要到石井先生的面前要求把缺席的记号改成迟到的记号了。

究竟谁是迟到的呢？反弄巧成拙了。天天上课，天天总有戏看的，不过他们花样再翻奇些，对我也总是无聊而生厌的；只有那一个无言的朋友野村君，他好像是我慰藉的泉源，精神上无比的食粮。所以我每天到 K 大学去上课，听讲和野村君会面，似乎是两件并重的目的了。

有时在合班教授的大讲堂里，如果逢到不能坐在一起的时候，那真是一件最大最不高兴的事情了；有时他上班较迟，在那好几百人的大讲堂里来回巡逻着，我知道他是在要寻着我。

确实地，野村君对我是非常地忠诚、恳挚。我得之于他的扶助与恩惠，真是一个不能计量的深与阔。但谁会相信呢？一对国籍不同、语言少接的人，也能在他们中间连上一条牢固难断的链索？

有一次，一件不幸的事降给野村君了，但那件不幸的事，仿佛同时含着一种不可言喻的魔力，它能给野村君以较深的刺激，给我一些迷信的启示。

我清清楚楚记得的，有一天我到学校特别早，而那一天却是野村君缺席的头一遭，我揣测，我不安，我几乎感到我今天来上课是没有意义的了！

上午散学的时候，听人说今天早晨学校附近芝町的地方，遭了一次大火，三四十家住户和商店，完全变成灰烬了。

这立刻使我联想到野村君的身上了，然而我立刻就否定了它，理由是没有的，假定我也不愿意去预设，我心里唯一的呆想是：这种不幸的事故，绝不会临到一个良善人的身上去。

第二天，野村君仍然没有到学校去，第三天的早晨，事实才完全证明了。

当我第一瞥见到野村君的时候，我的周身几乎都要摇撼起来了！因为脑中深深地存着火的印象，所以我看野村君的面庞，好像比寻常更显得焦黑了似的；甚至于他的头发、眉毛、睫毛……在我眼里都仿佛是烧秃过后，只剩着短黄的根梃一般了。

全班的同学，没有一个来慰问他的，他们都共同表示着一种讽人的微笑罢了。

他依旧地一直找到在我旁边的座位。

“啊！你……”“烧了！什么都烧完了！”……他身上穿着一件新从估衣店里买来的制服；皮鞋没有了，只拖着一双草履；书、笔，就连一张纸片，也都完全没有了。

我记得他有一次曾在黑板上有意无意地写过——“生下来便是什么都没有的。”这并不是什么意味深长的话，也不能说它是今日的谶语。那些生下来便富有的人们，天地不知道被他们怎样解释呢。

就是在学校最简易的食堂里一次也没有碰到过的野村君，对于这次遭难，是怎样地给他一个重大的打击啊！

我所能够帮助于他的，都尽量地帮助他了。那最有趣而又使我想到所谓“现世现报”的俗语，仿佛在我们之间“灵验”了。

他每星期都借给我抄录的历史笔记，谁也料想不到他又会借了我的去转抄一次的，这是最适宜不过了：因为没有另外一个朋友可以借给他笔记，并且，这笔记又是他亲自抄下来的。

过了不到十天，我的历史笔记又还给我了；可是那上边已经经过他一次详细的修改——字写错了的更正过来，中间丢落的填补进去……以后，这册笔记，便成了我最宝贵最心爱的东西……第二年的初夏，我便因为种种缘故不能升学了，在我还是犹豫难决的当儿，野村君的问候书翰早已到了。那信是用英文写的——大约他知道我所能够了解的英文总要比日文多些似的。

信里大意说 K 大学确是一个贵族学校，于我们总是格格不入的，他已经预备另转其他官立的大学了，最后问我因病是不是就要回国去。我写了一封回信去，可是永也没有再得这位无言的朋友的音息了！

他是转学了么？他要到什么地方去呢？不久，我便匆匆地回国了，野村君的消息，更没有方法探询了。最可追悔的是我再度去东京的时候，竟没有亲自到 K 大学去寻个水落石出。

除了记住几个耳熟的驿站名字，一切对我都生疏了，每当高架电车在田町驿内停留的时刻，我便禁不住地探首翘望那耸立山头的 K 大学的楼顶……我是在关心那图书馆的角楼已经修缮好了么？我是在关心那装腔作态的英文先生，抑或是那松懈的六笠先生呢？不，不，都不是的，我所怀想的那个无言之友，我今生还能不能再默默地和他坐在一起了？第二次从东京回来，又已经一年多，我知道现在山手线的高架电车，已经是围着新的、复兴后的大都市驶转了，但这是不会变的，它依旧很匆忙地从这一站到那一站，车里拥挤着男和女，饱藏着美与丑，香和臭……即或有可能的时候，随着车子转吧，你可以看见皇城，可以看见海滨，可以看见无数无数的烟突和旗亭。但野村君的黝黑的面影，真不知到哪里才能寻得着呢。

江户帖

题签

如今的东京，就是畴昔的江户，畴昔江户的一切，都早已装进了史的卷帙。东京，在我脑中印记着的东京，现在也只剩了一些模糊的朦胧的轮廓，斑斑块块，正如行将残散下去的古帖了。岁月易得，闲人总是无聊，现在权以墨水，当作胶糊，一片一片地把它裱在这里，并不想藏之名山，传之后世，只是留着自己展玩而已。如果这部帖要一个题签，那么我只写：

虽信美而非吾土兮……

底下的句子，谁还记得，就请谁给它填上。

不过在琳琅满目的市场上，我须声明这是一部“劣货”。

雨

整天价在泥泞的路上印迹，在伞盖底下蹒跚，并不觉得天地是阴霾而哀愁的。

到处是蒙蒙的，青蓝的，它笼罩着人们的足迹，我的灵魂的纤维和它是混同着织在一起。

秋天的祭鼓，在晚间，不知道从什么地方，传过来紧一阵、疏一阵、清一阵、隐一阵的咚咚——咚——咚咚——咚的声音。

在夜更静的时刻，偶尔听见巷间行人的木履和道上石子儿碰触的声音，那是非常嘹亮而清脆的。并且，他的声音在静寂的大气里是那样的震荡，悠长地震荡着。有时，格——格——格——木履被拖着，声音也被拖颤了。那无事然的浪人的影子，顿时就像映在了我眼前。

——石子儿大约已经濡湿了吧？地上会映着一块一块金黄色的水光的。

这时，我才意识到天在落着雨。

鼓声像是蕴藏在天地的大鼓里，木履像是碎了般地清响着，我常常推开了窗子，独自伫立着。我并不要听见何处淅淅沥沥或望到一丝雨脚，我吸着了一口清鲜带着湿凉的空气，我便像受罢圣水的洗礼以后了。

鼓啊，你雨的进行曲，在咚咚的声里，我仿佛又被带到那天在雨着的东京了。

风铃

檐头挂着一个小小的风铃，并不晓得是什么东西做的，他的声音非常清脆，就是响一下也会搔动了我的心。

楼下住的只有一个新将女儿嫁出去的老房主，楼上住的便是我。虽然我们的国籍不同，年龄和境遇又这样悬殊，但不知怎么，一种难得的人间爱，却暗暗地在我们彼此之间交流着。

我的心灵总是那么脆弱，每逢看到年老而慈祥的妇人，我的心，顿时无缘由的虔诚了；我的两个眼眶在湿润着默视她。如果我知道对方在想想这个孩子的母亲在远方想着他，那么我真的要去握住她的手，泪会滴在她的手背上，嗫嚅地说：慈祥的人，孩子在铭感着失却了的母性爱而啜泣了。

清晨，凉夕，风铃儿在檐头叮当着。他的声音，我不相信是人间某种的物质可以发出来的，那是大气的私语，那是过路的幽灵的跫音。然而，我不需要看见他，他的声音里带着信息；这信息只叫那些沉静孤寂的人们谛听。

熏风里叮当着，知道春之纱袖拂动了他，西风里叮当着，知道秋之帚子扫击了他。响着响着，在这声音里，年老的将沉思到他的生命的冬天，年青的将怅惘着他的生命之春愈去愈远了。叮当着，虽然是一样地叮当着。

清晨，凉夕，风铃的声音摇动着我的心。逝去的春天让他逝去了，但也没有挡住冬之黯影不来的本领。我倒想掩尽了世间那些哀愁着的男和女老和少的人们的耳朵，不让他们听见这过路的幽灵的跫音。但是这怎么可能，我远是自己掩住了自己的。

并且，我想，悄悄地悄悄地，自己掩住自己的耳朵，轻轻地轻轻地去把那些挂在檐头的风铃儿摘取了下来。

谁说掩耳盗铃是解嘲的？我愿意在沉寂的清晨和凉夕里，祝福人间所有的慈祥的老人，祝福那每个人死去了的母亲。

汤屋

村子里尽管是三五人家，寂寞冷清地像是一个初开辟的，可是那接二连三的黑烟突，已经高高地竖在空中了。团团的煤烟和那些矮树蒙混了起来，从远望去，又使人想到这村子是人烟似海的。在这些烟突底下，其实并没有伏着什么机械，也没有一个工厂。那里只是一座一座玻璃顶建筑的汤屋，是男男女女沐浴的地方。

我没有看见汤屋有过什么惹人注目的招牌，经过它的门口，就联想起在我们自己国度的城市里，在那些最卑陋的巷角，或是顶隘小的窄道尽头，有那么一面白墙，白墙上只写着一个“堂”字，白墙有多么大，那“堂”字便有多么大。从小我对于这个字就没有什么好感，也许我历来是没有一点“洁癖”的缘故。可是到了这里以后，每天进一回“堂子”却已经成了一种习惯。

午后三四点钟完了课，身体有些疲倦，可是心却是非常松快的。一块毛巾搭在肩上，拖着不费事的木屐，很闲散地便走出来了。汤屋的开口只放着三两双木屐，知道里面也只有三两个人。不管早迟，老板娘却已经高高地在柜台上坐定了。她的样子，正像二道山门里的那座弥陀佛。神情极其逸如，居高临下，看看男的这边，看看女的那边，不知道多少群的男和女，是赤裸裸地被她看去了。

立在大镜子底下，我看见我的制服，制服上有着铜的扣子，我是被装作某一种人的人了。衣服一件一件脱进筐子，赤裸了，我也就成了和所有的脱去了衣服的人是一样的人了。

浴室里面的水汽，早已把所有玻璃罩成了一片乳色。几个浴客，像是在那里练着一种操法，各式各样的姿态在动着，没有人喊口令，哗啦哗啦的水声，成了他们的节奏，浸在池子里的像浸在酒精里的标本，他们显得非常舒服似的，眯着眼睛养着神。我在这些人们的里边，常常觉得是一个不相称的闯入者。对于衣冠楚楚的人们我怯生，在赤条条的人们面前，我更恨不得逃遁了才好。

在汤屋里，我总是喜欢蹲在一个最空闲的地方，我看着他们，思量着他们，我的眼和我的心，一会儿像是画家，一会儿又像是心理学家的了。沐浴，倒仿佛成了一种副作用似的了。

冷水池是装在墙壁底下通着两边的，当着没有人舀水的时候，它平静的如同一面镜子，我每一探头，就可以看见自己的影子，有时还看见了旁人的影子，啊，那影子是从古代神话里走来的吧，那样的洁白像大理石质的，那样的曲线像是用了无数的雪球塑成的！

在汤屋里，我诅咒过多少个舀水的人，而我又幻想过多次的幻梦啊！

每次从汤屋回来，我便看见案头镜子里映照着我的一副灼红的脸，耳朵里却还仿佛听见那汤屋里的哗啦哗啦的水声。

我不知道再要到什么地方去了，让我一个人悄悄地洗净了我的心。

Red slipper①

有两个朋友是住在一家很冷清的下宿屋里，可是不久以后，这下宿屋就渐渐兴隆起来了。门洞里的那张木炕上放满了各式各样的拖鞋，一到晚间，楼上楼下的每块玻璃都可以透出一片雪白的灯光来。

---

① 英文，意为红色拖鞋。

和朋友在一起的时候常常说笑：

“我们的人气毕竟不错，一到那里，那里便会热闹起来了。”

这虽然是没有什么根据，不过想到我们才到东京的时候，我们处处都感觉得寂寞的。

“你们这里还住着女的？”有一次我问朋友，因为我早已看见那堆拖鞋里有一双是猩血的，衬着雪白的软绒底子。

“有一个。”

“我知道的。”

“你看见了那双拖鞋不是？”

不好意思，我就没有回答什么了。

找朋友，一天要找好几次。看熟了那些拖鞋的变化，他就记得谁是什么时候出去，谁是什么时候在家了。不过每次在那些拖鞋堆里发现了那双烂几几像害了瘫病的，便怅然地以不遇我的友人为憾。然而，每次看见那双猩红的，每次就醒一回我的眼。

世界上的女人，没有一个不是不想尽量地为表露她的标记而生存着。如果没有人去理会她们所标记的东西，她们或者会比什么都感觉得寂寞而对于她们的存在也表示怀疑了。

世界上所有的红的原料，恐怕都是被女人消耗了，占有了。女人，差不多个个要拿鲜红的血染她一遍才舒适似的。但我却不见这伟大的颜色在她们的身上象征着有什么样的光荣。

穿红拖鞋的女人，就住在友人房间的隔壁，她如果也在房里的时候，她那双大红的拖鞋，就像一对侧身躺着的金鱼，静静地伏在房门的外边，走廊的中间。我每逢经过走廊，我便想哪一回把它们踢开一只。

我是和朋友示意过那双拖鞋的颜色是鲜丽的，朋友倒不大理会，说那女人难看得死。

后来有几次经过走廊，我看见了那双拖鞋，心里便被一种低级的想嘲弄女人的意识驱使着，使我的脚像真的找着路标似的从它的上面踏了过去。踏着的时候，才真正感到这路标的绵软无力，像一块浸湿了的胭脂。（也许在我的脚底已经染上了色。）有时，我只用足尖上一点点的力，微微触它一下，于是它仿佛成了一条活的金鱼游到另一个方向去了。它是有感觉的，我想，不仅仅是一种标记。

我常常戏弄着这对金鱼，可是没有一次碰着过那个女人。我阴自地揣摩着：金鱼一样淑静的女人啊！

有一次我正在友人的房里，一个乞丐从窗下过去，这时突然听见隔壁发出尖锐的叫声了：

“啊呀！骇死了我！”

我向窗外探了一下头，一个粉白的像冬瓜大的面庞隐进了窗子，一个衣服褴褛的背影映进了我的眼帘。那个背影踌躇在道旁，暮色中我好像看见一圈饥饿的光芒环绕着他，他就这样消失了。

我在同人类里却常常分歧地想：

——女人毕竟是女人！

那有着红拖鞋标记的女人，我早已模糊了她是什么模样，可是我先前以为嘲弄女人而回想起来却是嘲弄了自己的这种感觉，委实像一个湿的楔子，深深地钉进干柴的缝隙里去了。

雪

一个下午埋头书里，看看周围的光线，像是还不到每天吃饭的时候，自己正纳闷今天为什么这样的静寂，可是不久朋友便在门外叫我了。

我低头穿着鞋子，也没有注意朋友手里拿着伞。

台阶上，篱笆上，都已经盖上了一层白，这时我才讶异地说：

“敢则是下了雪。”

“下了一下午了，你一点也不知道？”

“真的一点也不知道。”我心里回忆起刚才我所纳闷的事了。我机械地把大衣的领子向上翻开，轻轻地诅咒着这不意而来的雪。

饭后，照例是几个朋友聚在一起谈天，那天晚上，火钵里的炭，许是烧得更多一些，茶也许煮得更热更浓一些吧。

岁月也像一束一束的柴炭，架在火钵上，添在Stove[1]里，终归是一样地化成了灰烬，有光，有焰，有火力的时候能有多少呢？想起当初在雪地里如狂了一般的混战，和以后见了雪花便翻上衣领的萎靡的气质，这其间大约还不满三年的过程。如今，就连往昔雪战过后留下的那一块眼角伤痕也消失完了；整个的在东京那段生活的过往，偶尔被朋友提到，仿佛已茫然非己之事了。

初去东京那年我十九，朋友H和C都比我小一岁。在他们之间，逢到游戏或吃东西的时候，我似乎极以“纵横捭阖”为能事，他们上了当，结果只是说让这个弱者占点便宜去。

有一次我们三个人在村子南边的一个雪林里散步，我似乎不耐这种沉寂，冷不防地就飨了他们一个大雪球。于是战端从此开始了，无数的雪球在林间飞了起来，大的小的纷纷地落着，大家狂笑着，狂跑着，狂追着，狂躲着……谁也不晓得谁是谁的敌方，谁也不理会谁是谁的“知己”了。混战得精疲力竭的时候，谁也不肯认输，还只是说，换个地方再打，这里的雪不够用……

结局，我的眼角有一条血迹，他们都说打得痛块，我自己也连说痛快地还要打。

三把作挡牌用的洋伞都打坏了，我想了想自己的伤，或者还是我自己的伞翅弄破了的，于是益复私下得意了。

冬天过去了。在春天，夏天，秋天，我们都只是盼望着冬天。冬天下雪了，我们的欢跃，我们的狂喜就都要和他同来了。不然，不管什么天，给我们雪吧，雪会把我们的希望带来的。

第二年的冬天到底来了，雪也来了，希望好像就是已经结在树上的果

---

① 英文，意为火炉。

实，等待我们的伙伴，等待我们的摩拳擦掌了……

战也开始了，像是准备了才开始的；战也结局了，像是有意停止了的。不知怎么，战的情绪仿佛在过去的希望里已经枯竭了；随着希望同来的却是一个空虚，而且是一个滑稽的空虚。

朋友H，不久就搬到市内去了。正巧那一年的一个落着顶大的雪的晚上，他来住在我和C住的这个村庄里。

我们这里，一切都是那么阴沉的寂寞的，只有雪花在空中是那般疯狂地飞舞着。我们不要酒也不要火，不知道是一种什么力量，使我们默默地离开房子，默默地走出了我们的村庄。

偌大的武藏野是被雪盖满了，偌大的武藏野是深深地埋在雪里。除了电杆和树木剩了一些漆黑的幽灵的影驱以外，一切的一切都失掉了他们的颜色。夜也是裸裸的。

我们向着看不见黑影的地方走去，三双鞋底踏着无限的处女的雪地，不论哪里，没有过我们足迹之先，也绝没有旁人的足迹。我们像追求着什么似的尽走向那白茫茫的前方，我们经过了许多个不知名的村庄，他们都在死沉沉地睡着，不知道我们地上的足迹，就像不知道天上有过昨夜的流星一样。

我们都默默地没有言语，三双鞋子喳——喳——喳——地踏着雪的声音，却像节奏着我们的凯旋，我们践遍了雪的大地，占有了整个的夜的领域。

我们走了不知多少时刻，也不知走过多少地方。雪没停止，似乎也不能停止了。倘若有人用多少倍的望远镜像望太阳似的而望到这雪茫茫的大地上面，你也会望见了几个黑点，几个还动着的黑点吧？

雪到第二天就渐渐融化了，我们三个人那条长长的长长的足迹，再也没处去寻觅了。

每年每年我知道冬天是要来的，雪也是要下的，我也只是知道到了冬天下了雪，把自己大衣的领子向上翻开而已。回想在雪林里的那多少双手的印子和雪地上那条长长的长长的足迹时，我微微地合上了眼，像是想到昨天夜里有几颗流星，在寥戾的空际闪过去几条微微的光芒。

桥

两座桥，都是平平的，不拱，也不弯曲。一座靠近我们的寓所，桥底下是旱地；一座是在较远的墓地的附近，桥底下通过一条小溪。

靠近我们寓所的一座桥，是钢骨和士敏土筑的，还有两道单调的用铁管做的栏杆。桥的下面是一个陡斜的山坡，山坡底下便是一个极大的广场。长绿松和楸林环绕着广场和桥的两旁，虽然桥底下是旱地，可是在这种境地里他却是一个很好的点景。

每天吃罢晚饭，我就同着 C 去那个广场散步，走到桥上，我们总是停立一刻。远远的富士山峰的影子，偷偷地好像把他隐藏在林梢的后头。晴天，太阳的紫晖作成了他的庄严的背景。阴天，他就被迷蒙的云霭罩得模糊了。

我们在广场里散步，记着走了一个圈子，两个圈子……但结果也不知道走了多少个圈子。天黑了，各处的灯火都亮了，郊外电车的笛声也渐渐稀少了，可是我们并没有一点夜的恐怖。我们望见那座桥的桥栏，成着几条直线的横在两个岗顶的中间，我们知道他不陷落下去；我们第二天早晨也可以跨了回去的。

如果把我们每天散步的路程联了起来，也许已经越过了无数的山山岳岳，涉过了无数的江河而走出这个国境了。然而我们每天总是从这个桥来，还是从这个桥去。

C 在白天里看过的书籍，想到的事情，都是当着我们在广场里散步的时候对我叙述。有一次我们谈到一篇托尔斯泰的小说里的故事——题目大约是《人要多少土地》——我仿佛瞥见了那个贪婪无厌的人，就在我们散步的这个广场上奔跑着。从晨曦跑到日暮，他所圈的地方已经不少了，看看太阳要落下去了，可是他又看见了一块他舍不得丢掉的地方——自然也是他想圈为己有的，于是在日落之前的一分一秒之内，他也用了千斤万斤的力量想把他要得到的土地得来……

这个故事如果以气力大者胜，贪婪多的得土地多的“世道法则”作结，那么托尔斯泰也许在后世更多得一些膜拜他的信徒吧？然而，那个贪婪的圈地人就在他的笔下死去了。

到底，一个人要了多少土呢？他精疲力竭地跑到临了，最后他扑倒了，他倒在的那块地方就是他的土地了。把他葬在了那里，坟墓就是他所真正要到的土地了……

我想，如果有那么一个国王，他问我：“要土地么？跑跑看。”我一定摇摇头，回答道：

“什么都不稀罕，我只要一座桥。”

那在墓地附近的一座桥是用枕木搭的。墓地的周围也是长青的树林。走进树林，就可以嗅到一种沉香的气息，它是沁人心脏的，使人的心情不期然而然地镇定了下去。

每到木桥那里去一次，同时也就向那些不知者的墓地做一次巡礼。那里立着无数的碑碣，在每个碑碣底下都盛着一勺清水，水里插着几枝不知名的小花，花是那样寂寞地开着，看着他们，便仿佛看见每个死者在地下宁静地微笑着似的了。

这里的木桥和墓地，同样地给了我一种神秘的感力。

桥是低低地架在一条小溪上，望得见溪底，望得见水里极小的虫子和鱼。桥架在这里像是没有什么必要似的，差不多一大半已经朽坏了。桥板的木质纤维和烧干了的牛肉一样，一丝一丝地曝露在外面；然而有几茎青草，却不知怎么竟从他的缝间生出来的。这里，一天，一个月，怕也没有一个人走过去吧？桥上的青草，同那碑碣底下的小花是一样的寂寞的。

这座桥，常常作了我午睡的床。床的周围生满了黄黄的菜花，头顶撑着蔚蓝的天幔。在大地上好像只有我一个人呼吸着，冥想着……

我憧憬着无限，憧憬着空虚，我的心，在轻轻跳着，我低低祈祷，没有一个人能够听见：

——主啊！让我在这座桥上永远地睡眠了去吧，我不要谁来掩埋，我愿意做这个桥的守者，并且临近地守着那些死者，我是知道他们的，因为他们每个人都有一块刻着自己名字的碑碣。

三味线

我看见那长柄子长刀身，刀尖又作弯月形的日本刀，我就想起了当初武士道的武器，遗留到如今却成了舞台上的道具，孩子们手里的玩物了。

同样地从他们古代传留下来的一种乐器——三味线——虽然普遍地流在民间，可是从他的声音里好像依旧听到古来的悲壮凄凉与悠怨。幕府的英雄，江户的健儿……他们的尸骨听说曾经垒垒地埋在不忍池里，如果他们还有未散的魂灵，我想那或许就寄藏在三味线的弦音里了吧？

音乐的才能，我是一点也没有的，然而任何的乐器对于我都有着一种强大的魅力；就是在诗文里偶尔遇见这类题材，我也要随手释卷，凝神到那种发着音响的氛围里去的“公主琵琶悠怨多”“胡笳四五动”“大珠小珠落玉盘”……这些是字句么？为什么蒙了我的眼而倾着我的耳呢？为什么蒙了我的眼而又看见了那些陈死的古人呢？我不迷信，我相信着人类的灵魂是一件永不灭而绵绵存在的东西。

人的历史只是一部没有字的存在着。

在我出国的时候，曾带了一个月琴伴我的行。我不会弹，我倒是常常把它抱在手里，看看它想到“无声胜有声”的句子。到了东京打开箱子，看见它已经在旅途中伤损了。但是我依旧把它放在壁间，我们默默地相伴，始终也没有离开。朋友叫我不要它，我说，“有琴胜无琴”。

初搬到一个日本人的住家，房东的老太太有一次和我谈到音乐，我就把我这个坏了的月琴给她看。

“月琴。”她笑眯眯地看着我，“你喜欢弹它？”

“在路上摔裂了，我是带着玩的，并不会。”我还想问她在日本有没有这种琴，听她已经认出这琴的名字，便知道是有的了。

她端详了半天这个破琴，我以为她在看还能不能弹，其实她是看这琴的构造的。“你弹。”我一半是请求着，一半是试问的意思。

她还是笑眯眯的，看不出可否的样子。不久，她立了起来，她从壁间拿出一个长长花红布的袋子，依旧和我对面坐了下来。她解袋口的绳子，我知道那里无疑的是装着一个琴了。

“你看，这个琴已经是有了年代的了，还是我的弟弟小时候弹的。”

他弟弟的故事我不想知道（后来她告诉我他是日俄之役死在沙场的），我只忙着问：

“这琴叫什么名字？”

“三味线。”她怕我听不真切，又重复了一遍：“三味线。”

从这次我才知道“三味线”，并且知道三味线是日本民间一种普遍流行的乐器。

“你弹。”看见她自己有琴，我诚心地希望她弹一弹。

她依旧笑眯眯的没加可否，但这次从她神情里仿佛可以看出她会弹而是不要弹的样子来了。

三味线的声音，后来差不多每天晚间从老房东的女儿手指间拨弄出来了。

乍听的一些时候觉得非常不入耳，可是后来不知怎么就渐渐把自己的一切神思和那三根弦子混进一个空间去了。我用什么字可以状出他的声音呢？没有，也是不可能。假如三味线是中国的琵琶，那么我借杜甫的诗句道：

千载琵琶作胡语，
分明怨恨曲中论。

在它的声音里，那死去了的人的面影，仿佛憧憧地复现了，灵魂的跫音，这时就悄悄地传进了人间。

我不知跟踪着谁的步伐，有时就轻轻地走到楼下，静静地坐在她们母女的中间，让自己深深地混进了那三味线琴音的浓厚的氛围里去。

这时，谁也不理会谁。琴音涨满了小小的屋子，随着风向，又一阵一阵地播送到近的或远的地方去。

好像被多年雨水浸渍过了的古旧的琴谱，零散地铺在席上，琴谱上的暗黄的水迹，对我倒像是熟悉的，但那些用笔墨勾画出来的音节符号，我一个也不认识，它们虽然没有声息，可是一串一串地跳上了弹者的手指，又从手指丁——冬冬——地分跳到三根弦上去。

等到琴音止了，我才觉得四围的静寂和茫然。

母亲在指示着谱中的奥妙所在，女儿点着首，好像所有的奥妙都被她领悟了。

弹琴的人，不久便出嫁了，在她第一次归宁的时候，我看见那个古琴也被她带走了。

从此，我们这里便不再有三味线的琴音了。檐头的风铃不时地却还叮当着。

池畔

如果把大地的草木比成头上的发，那么桥梁恐怕就是发上的一根梳子，而池沼湖泊便无疑的是一面梳妆的明镜了。这明镜是自然的，天成的，它映着地上的东西，它还照着天上的云朵和星辰。

人当着寂寞的时刻常常去揽一回镜，池子在大地上，池子里面永远印着一颗天的心——是那么沉静，是那么寂寞而无言的。

靠近 C 的寓所有一个池，池上立着日莲法师的铜像，据说当初他在这里濯过足，因此池的名字便叫洗足池了。对于这个名字，我是不很喜欢的，不过为纪念这位修行者而永远纪念着他曾经洗过足的这个池子，也许是一般的人们情理中所近的。天下到处的所谓名胜古迹，倘若没有后人带着景慕与追怀的情绪莅临，那恐怕在脑中也可以思过半矣吧？

山，川，草，木，这里有，那里也有，到处都是有的，就在这山川草木之间，产生过多少名与不名的人物，埋葬了多少名与不名的尸骨。古人，今人，后人，踏着垒着……然而山川还自山川，草木还自草木。

这以洗足而名的池子，说不定将来也许以濯缨而称吧？但池水永远是那么平静，永远是那么寂寞而无言地照着一颗天的心。

C 一个人住在池上，池畔却常常有着我们两个人的影子。在春天的熏风和秋天的红叶里……在夏天的泥泞和冬天的雪地上……

我们没有一次抱着信心想去参拜那个法师的铜像，也很少花钱去租过池上的小船。北面山坡的草地，南面松林里的墓前石凳，都是我们很好的休憩的所在。清谈着，沉思着，时光像从极细的筛子里轻轻地透了过去，心也像是被滤过的了，感觉到有说不出来的松适和宁和。我们在周遭的一切之中，实际上仿佛已经和周遭的一切融合了而再也不能分开。就是在这样氛围气里消磨了我们多少所谓青春的韶华，少年的幻梦。忘了人间是在哪儿，也不晓得什么叫归去——到什么地方才是我们的止境。委实地，池畔差不多成了我们的精神上的一个共同的家——家也不是，是一个乐园，是一个意境，是一个寻到了的乌有乡。

池畔常常有一些“养性”的垂钓者，持着竿子，静静地凝视着水面，鱼来了吧？大的还是小的？……

坐在池畔的我们可没有钓竿，我们什么也没有，从我们的眸子里却在钓着周遭的一切，钓着那持竿的钓者，钓着池中的悠悠的白云，并且连披裹在白云里的那一颗天的心。

性恐怕并不是能养的，需要的大约还是拔脱与遗忘，在这池畔，常常使我们把什么都涤净，把什么都化为乌有了。蛙在水里叫着，昆虫在岸边飞着，萤流着，星瞬着……谁也不晓得谁是为谁而来的，在自然里生，在自然里死，想到一个蜉蝣，我也会想到北冥真的有那么一个其名为鲲的大鱼了。然而古人说，天地者，万物之逆旅。那么一个朝生而夕死与那化而为鹏，扶摇而上者九万里的不都同样的是一个过客么？然而“斥鷃笑之”的故事，就是产生在人间，并且使这人间添上了“荣誉”的那一面了。

记起了当初在这池畔的一幕情景，现在不知怎么竟使我的心绪这样的低郁，怅然若失，连轻轻的叹息都似乎不能透出来了。

一天的夜晚，在池畔的一个小茅草棚里（这里白天卖香火，夜晚就空了），几个平常最熟识最要好的朋友，不期然而然地遇在一起了。大家都是穿着黑色的学生制服，黑压压地身子挤着身子，手碰着手；温暖的人的气息，早已赶尽了露宿在这茅草棚子里的秋气了。我们都是亲密地互相偎依着，刹那间仿佛已经各自回到了他的童年。望着池子，池子在对面好像一片海，我们更欢愉了！欢愉我们是坐在同一个小船里归向故国了……

好说话的人互相戏谑着，不作声的似乎是在等候着听人讲鬼怪的故事，于是向黑的地方更挤紧一些，怕真的鬼怪来了抓不着他。

草棚子里是比白天还热闹了。

——安静些啊，留神日本的杀人鬼来把我们这群“支那人”开了刀。

——这倒不要紧，提防那个大铜和尚在棚子背后显什么灵通。

——敢！我去他跟前撒一泡尿。

——一放假就该痛痛快快地玩了。

——你得意什么？看你这一脸花白麻子！

大家忽然看见那一个平时白白的脸上什么也没有的朋友，当真有了一片花白的麻子。

——看你自己！还说我哩。

说人的人，他的脸上果然也和被说的一样了。

你看我，我看你沉静了一忽的工夫。

哈——五六个人统统地笑起来了。

所有的人们的脸上，原来统统都生了一片花白的麻子了。想用两手去遮掩的，可是手掩到脸上，手也变成了有麻纹的了。在这茅草棚里的人，以前像一群熊，现在完全是一批斑马了。

笑声很久很久都不能歇止，可是它怎么也赶走不了从那茅草棚顶上透进来的月光。

月光啊！是不是也在我们那种难得的无邪气的笑声上打了印记呢?

回国后的朋友，差不多一个一个地上了他们的鹏程，而我和C却是落在万里万里之后了。鹦雀无志，但谁能阻止了他所憧憬的那悠悠的白云呢？白云飘在空中，白云浮在池上，白云里面永远裹藏着一颗寂寞无言的天的心。

高原的草

我已经忘记了，“高原的玛莉”，是一个诗歌或是一幅图画的名字。我常常向往着“高原的玛莉”，可是自己也不知道这个故事的底细；倘如是一幅画吧，那么我又没有看见它的色彩和线条和它所表现的意义。于是我常常阴自地设问：是哪儿的高原？谁的名字叫玛莉？是我曾经梦过的一个幻梦么？可是梦也忘记了，莫非我就给这个幻梦起了一个叫“高原的玛莉”的名字么？……

没有玛莉，梦里也再寻不着玛莉，可是有高原，于是我向往着高原，向往着生在高原上面的野草。

在那么多的诗句里，草在我的眼底招展着，在我的心里招展着：

离离原上草，
一岁一枯荣。
野火烧不尽，
春风吹又生。

荣，枯，荣，枯……从来不曾绝迹的便是从来也记不起那许多名字的草。一年年地青了，黄了；年年青青地——黄黄地遮掩了母亲的大地。管不着世事的离合悲欢，可是却有人好像也问过他王孙的消息。

大地是万物之母，恐怕草便是母亲的心。萋萋的，绵绵的，有着草的地方有着太阳：在那儿辉耀着生的力，蕴藏着一种无限的慈和的慰藉。

江户，这武藏野的平原，没有遭遇过侵入者的铁蹄，也没有留下了什么武士和英雄的血迹。有的是万顷良田，有的是无涯的青草，也有的是自然的墓冢——百多步高的在这平原上已经算它是山岗了。

在这个没有崇山峻岭，没有长江大河的国度里，被称为东方的公园的资格大约就是在此吧。公园里的山水，自然还是它公园里的山水。

山上是栖止着小麻雀的；水里是养着红金鱼的。

三年的居留的生活，差不多全部地在这武藏野上消磨了。我住的地方就是这平原上所有的一个叫大冈山的山上。并且，我的西向的窗子，也是对着一个山冈。高度和我住的地方是差不多的，我欣喜地便把它当作了我所向往的高原了。

冈上并没有什么人家，被占据的只有几株长青的老树和一片无涯的野草。西向的窗子，我是常常开着，乍看的时刻，仿佛在壁上挂起了一幅风景图；一凝神，心身好像都已经悄然地走入画中了。

我的眼睛和这西向的窗子，都仿佛成了摄取景物的镜头了。为了高原上的野草，才使我们的镜头常常生辉的。

草在艳阳天下，高原上被盖着碧绿的茵席。不要牵挂那秋风会吹凉了原上的土地，看哪，渐渐地，渐渐地，毛茸茸的草，换上了一件金黄色的鹿皮了。

“方寸之木，高于城楼。”看哪！草比太阳高，草比月亮也高，当着黄昏和黎明的时候，太阳和月亮都比草还低地向他的背后落藏起来了。从来没有看见月和太阳住在哪儿，如今我疑念着草的背后或许就是他们的家屋了。

有着草的那儿，是多么温柔多么服帖啊！

草在太阳的前头一个红瓜，像络在了蛛丝的网里。渐落渐落，渲染了满天的猩红，看哪，草乘着一股风势，在高原上现出了亿万的兵马，浩浩荡荡如同誓师，如同前进；那高出的带穗的是兔儿草或什么吧，摇摆着，像举着大军里面的旌旗……

高原上的野草，是多么伟大多么严肃的啊！

草在月亮前头，一把镰刀，被遗忘了的挂在林间，一个盆大的明灯，照耀着汪汪的洋面。草在动着，波涛在汹涌着，高原上成了沧海了……

这又是多么凄凉，多么悲壮呵！

夜了，我们的镜头都被黑幕遮住，不断地向往着的高原的草，常常使我辗转反侧了。起来，我伫立在窗前，我望见了垂天的繁星，万万千千个都在瞬着他们的眼，那是为了闪照着高原上的野草的。

高原上的野草啊，你们也许都已安息了，天上的星子如果不是为闪照你们的，那也许就是你们的每个的幼小者的灵魂的反映吧？

是多么幽静，又是多么沉寂啊！

说起了仿佛有过那么一个少女，她不是一朵艳丽的花，也不是一棵结壮的树，草似乎都不能比拟她，她只像一个生在渊底或岭上的一种植物的小芽，不皙白，不全黄，不翠绿……总之是那么一个芽一般的少女，她是曾经被我暗自思恋倾慕过的。

然而，记不起在什么时候了，我还有着泪吧，是经过了纯洁的不曾沾上一点尘垢的泪，激荡罢，是直通到每个毛细管的不曾扰一丝毫渍滓的血，那些青春的汁液，我都把它们悄悄地拧在墨水里，我曾写给她无数的信札，吐露了吐露不尽的心语。为她，我的寝食俱废了，然而我敢赌咒说我真不知道为了什么。是从古到现在以至未来的那一个说俗了而又永远永远不会遗忘不会灭亡的字么？

啊，那一个字！也真的只好拿草里的句子说它了：

野火烧不尽，
春风吹又生。

在她每次给我的信上，常常是短短的几行，她说，写不出什么，不知道要告诉我什么。但我只想问她的墨汁里可有些什么。（虽然我是一个鲁莽的人，倒始终没有问过。）有一次，她说将有一篇诗稿寄我。一时一刻的在翘盼着，没有来；一道两道的催问着，没有来。惘怅地想：

——神秘的少女的神秘的诗稿……

来了，结果，只是那首诗稿的命名：“一茎草。”

从此，茫茫的，我不知道那茎草的所在了，惘然地想：

———神秘的芽是滋生着也是消失着；少女的心，在不绝地滋生着，长到像草一般地会招展了。

草啊，我依依地想起了生在高原上的草了。

太阳是你的气怀，月亮是你的伴侣，星星是你的灵魂。

高原上的草的影子，你在我的心壁上是塑着了一个永不腐蚀的形象了！

后记

这部“帖”，果然就是这样残缺下去了，记得开始“裱制”的时候，好友 C，曾给我了很多的鼓励，不久之后，他患了和我同样的病，他竟先我而逝了。

我不能再写下去，我想到 C，我想到他在草原上对我说过的话：

“一个好友的死去，自己也等于死去一半了。”

如今我还活着，我知道那死去的一半是埋葬在一个寂寞的青春的坟堆里。

另外有三节写好了的（“地震”“樱花”“武藏野”）被一位叶某遗失，现已不能复记。

二十八年四月

第三辑

北南西东

——奔走与生活

旅途随笔

In the midway of our mortal life......

——Dante[1]

新兵

当着南北正在剧战的时候，铁路早已中断了。我南行的计划，于是只得舍陆而就舟了。

白河的水色，本来是浑黄的，现在被暮云映得越发黯浊了。湍急的波流，并没有什么狂吼的声音，只是一鼓作气地向下奔腾着，冲刷着，一点也不停息。那架河的钢桥，就在远处也望得非常伟壮而且庞大，他却是稳重不动丝毫的。

靠码头的各式建筑物，被余晖照了一霎时刻，便又恢复了他们原有的古旧的颜色了。他们好像一群落魄衰老了的娼妇，不再做那些诱惑献媚的勾当了，只是厮守着，点缀着这应有尽有的泊头而已。

外埠来的汽船，一个一个衔接地拢靠着码头桥的旁边。虽然有无数的小工们为他解却重载，而她自己似乎并不觉得，尽从烟突里拥出一团一团的黑烟，那仿佛表示她在喘息，为减轻了长途的疲惫似的。

我在甲板上徘徊着，我心底充满了一种栖栖惶惶的情味：我是起程了。

钟敲七下了，船还没有开。

---

① 这是意大利文艺复兴时期诗人但丁（1265—1321）的诗句，意为“我们在尘世致命的途中”。

司机楼上，前后的舱里，灯光都明了。卖零食的小贩，把摊子都移到码头桥上，甲板于是更显得清静，船仿佛不久就要开行似的。这时，来了两个持鞭的军人，后面跟着一群人，有一个衣服很整齐的穿长袍的人，手里拿着一面三角旗子，是黄色的，上面写着“招兵”两个字，盖着一大块不红不黑的印色。

因为好奇，我也尾随着他们，一直都攀上船艄的甲板上了。

两个拿马鞭的军人坐着，那个持旗穿便服的人向大家说，喊谁的名字，谁就答应一声“有”。

点了一阵，大约是三十七个，没有一个缺席。有一个点了好几次才回答一声“有”，被那点名的人斥了一顿，他却痴笑着仿佛要掩饰自己的不灵似的。

不一会儿，散茶的来了，斟满三四个粗碗，让他们轮流分配着喝，但喝茶的人似乎并不踊跃，有些离茶壶远的人们，还没有听见说的是什么，羔羊一般的三五个坐在一起，有带着小包袱的人，便临时放在身边作了自己的垫子。

喝过茶的人们回来说：

“去喝一碗吧，否则要等明天晌午才能喝呢。”

……

他们都是郁郁的，驯顺的，谁知谁也没有皈依。

旅客们没有敢和他们接谈的，那大约因为他们属于这两个军人的吧？何况这空气中又带着不少森严机密似的成分呢！

他们有些窃窃地私语着，好像在惊奇这个新鲜的国度，惊奇这庞大的洋船，惊奇这周围的一切……但也有几个是仿佛在忍气吞声的强者，他们对于那威风凛凛的头目，只是敢怒而不敢言，不，只是在他们的眼中放出一种想反抗而不能的光芒，揣度着他们好像要说，——昨天，我还是一个自由的人，虽然我有些饥饿，但我还能对于世界的一切轻蔑怒骂；今天，今天我到这里来了，也只因为在这里罢了……

浑浊的流水，黯淡的暮云，栈桥上的人声，各处莹莹的灯光，一切都和他们没有关系；就是这偌大都市里的无数的人，虽然同是人，也和他们没有一点的关系。没有给他们送别的，没有一个父母兄弟妻子……是他们此刻所能见到的。他们心底此刻思索着什么呢？军人……威风……沉重的枪炮……涨漫的烟云……红的血……白的骨……哪一样是他们所思索的呢？

委实地，没有一个人知道他们是思索的什么，也没有一个人徒然地关顾到他们。他们这一群，在一面小旗、两条马鞭下驯顺地偃伏着。

四围更沉静了，可以听见淙淙的水声，遇着船底好像低低的咽泣。在远处，那庞大的钢桥上，移动着一辆一辆的车灯；在对岸，树荫处的几星寂寞的灯火，他的倒影，却似金蛇一般地在水中游动着。

已经超过规定的时间很久了，船还没有开。

回到舱来，夺目的灯光，盈耳的人声，顿时觉得被一股热腾腾的气氛包围起来了。买办、茶房、司账……神色很紧张地在计议着。

“无论如何，还是不‘装’他们，你去对他们头目说吧。”

“……”中间人表示很难为情地愣着。

“何况才给半价，不装不装。”

“不，他们已经答应给全价的。”

“全价？……这一群新兵，没有一点训练和纪律，在途中再出了乱子。”

“他们说只要睡在露天的船板上，连大舱都不进的。好在一宵就到了。”

“万一出乱子呢？”

“不会的，都是新兵，装了他们便算了。”中间人再三恳求，接着，“惹急了他们长官，说不定今晚就出什么变故了。”

本来想和事的，哪知反招买办震怒了。

“他们知道么，这是英国船！一个电话，就可以由工部局派些武装警察把他们赶走，栽他一点赃，就说盗窃！”

……

对于同胞的战略，我低首地惊服了。尽力地推，尽力地赶，我不知那一群可怜的人们要往何处去。

临睡的时候，我也不知道这个谈判有了结束没有。舱里只剩了夺目的灯光，四围都静静的没有什么声音了。

船，还没有开。

——不开也好，让那些还未走上旅途的人们再依恋一刻他们的乡土吧，让那些焦灼着憧憬着光明前途的——不，也许有怕上征程的人们，且在这黑暗中再挣扎一会儿，再拖宕一会儿吧。

第二天醒来，船已静静泊在烟台的海面了，询起昨晚那一群新兵，才知道都已经登达了他们的目的地了。

运命的力，尽力地推，尽力地赶着人们，我不知道那一群可怜的人们还要被推赶到何处去。

自然，他们不久就上实际的战线去了，唉，这一群新兵，这三十七颗肉弹！

近午的阳光，把烟台市面照成黄金的颜色，海呢，像一块透明的水晶；像一片油绿的绒毯，在软动着，轻荡着，漾漾地浮着一船还没有到达他们的战线的人们。

正午了，船还没有开。

——不开也好，我心里又这样低低地念着它了。

夜车

因为一点小小的职业，在严冬，我不得不冒了寒凉向 M 驿进发了。也是当着战时的交通，车和时刻都没有一定的。在这没有一定的期间，我时时去打听，有一次，凿凿确确地，宣布了第二天早晨八点钟有一列车子到 S 州去。

按着时间，我很早地便到车站去等候了。

天色非常地阴晦，车站内外，完全仿佛留着一种被朔风征服过后的萧瑟与冷落；旅客虽然很多，但都是无精打采地沉着苦脸，谁也和谁没有交涉。这偌大的一个车站，真是显得过于空洞寂寞了；没有汽笛叫，就连脚夫也不肯高声说一句话的。恐怕，除了人们的鞋底擦着水门汀铺过的地上所发出来的一种嘶嘶的声音之外，再也没有另外的响声了。

确实地，费了所谓九牛二虎之力，我买着能够带我去 M 驿的车票了。并且，谢上帝，我也侥幸地“冲”上车子了——这没有顶篷，没有门窗，没有座位的车“箱子”！

朔风呼呼地狂吼着，吹过电杆上的瓷瓶时，更尖削的仿佛像鬼哨了。天上无边无际的阴云，几乎要整块地向大地沉落。午后，天地越发变得阴惨了，仿佛前方的火药烟云，都向这里压迫过来了。

已经越过发车的时刻四分之一日了，但仍然没有一点要开的消息。

冬天的傍晚，世界是怎样地像一幅水墨的图画啊！一群同车人们的面庞，也渐渐地迷蒙起来了。不久，站台上的电灯照明了，仿佛一条珠链，在黑暗中闪烁着寂寞的、没有热气的冷光。这时，空中已经迟迟地，但又接续不断地旋舞起轻屑似的雪花了。

差不多已经是我预定要到 M 驿的时刻了，而车子才从他的起点慢慢地开出。离开车站不久，顿时就把这一群人带向乌黑的深处去了。

辘辘的轮声，成了一种单调而可怕的声音，在轨道旁边的电杆，郊野的树丛、山影，都仿佛变成黑黝黝的幽灵之体了。

雪，下得越发紧了，从旅客们手灯里射出来的光线中，可以看见每个人的肩上都披了白雪。

大家都是在冷风中瑟缩着，但人和人也渐渐愿意互相靠倚了，那或者为了取暖的缘故。

我在车厢里时而昏僵过去，时而激醒起来。耳里还是古隆古隆的轮声，眼中还是乌黑的什么也看不清白，下意识还能告诉我是在动着的，向前进着的，车里。

大约因为过于寂寞的原故，在我身旁坐着的两个人尽划着一根一根的火柴，他们并不吃烟，也不曾寻找什么东西，恐怕只是借一点火光消遣游戏而已。他们的面影，我在这一次一次火柴的微光中记清楚了：一个面庞长些，一个较圆些，眼睛也特别地深陷。听他们的谈话，可以揣度出他们是同乡——不在一个村子，相距也是很近的。他们都是围着一条灰色黑绿的军用毯，背和背对靠着。

我本来注意他们，他们的谈话，也就引着我谛听了。

“……真的，我总忘了问你，锅店村的老徐怎么很久不见了？”

“他吗？你还不知道，早‘毙’了。”

“毙了！？我一点影子也不知道！”

“其实，真冤！太冤了！”

长脸的一个划了一根火柴又用口吹了，这时可以看见对面说话的那个人头还摇着。

“那是他们队伍正驻在 ×× 的时候，他和一个女人不规矩，其实也不过拉了一下手。”

“那也不至于就犯死罪啊！”

“谁说不是呢。不过他在岗上，那女人立刻就在司令部前边嚷起来了。”

“这女人太厉害了！”

“其实他们还认识过。”

“……”叹息。

“要没有胡队长给他告发，恐怕也不至于的。那家伙和老徐还是同村，就因为他也认识那个女的。”

“妈的，太不值了！”

“那家伙后来死得也够惨的……”

长脸的一个还是划着火柴，眼皮低向着火光，对方还沉着脸继续地说：

“在 ×× 剿匪那一回，他领着一小队才和匪人开火不久就中伤了，倒在一个山坡上。匪窜了之后，人来看他，他还呻吟着呢。弹是中在肋下。他对一个同伴说：“——劳驾了……实在受罪……不如请你再爽快给我一下吧。”

说着，他指一指他的额角。

“这家伙也真可以的啊。”

“到底，又给了他一下才过去了。在没有人的荒山里，即或请着医生，也是难好的，痛快地早点完了，真比受那种罪强多了。”

“这年头命真不算什么了。”

“真的，就像胡队长为了几个钱，结果把命送了，听说死后从他衣袋里翻出半个月的欠饷，一个还没动呢。”

话终止了，火柴大约也划完了——因为他不再划了。

我完全注意着听他们的谈话，我似乎也走进他们的世界了，我想着他们的“老徐”，那队长，那女人……

雪飞得更紧了，再望周围，已经不似以前那般乌黑了，那大约因为地上的雪，积得很厚，雪光已经皓皓地映照着天空了。这时，一切都被白雪掩盖了。

蓦地，我疑问起我自己，并且连着一车的人们，在这样凄凉酷冷的世界，大家同到什么地方去呢？甚至我奇怪了，那机车还会发出动力来；那司机的还有热的力量去运转着它么？……

黎明的时候，我到 M 驿了，那夜间谈话的人——两个伤兵，我看见他们仍是坐在车里向前边进发去了。

江船上

有一次，我是坐在这样的一个江船的客舱里，几条板凳，一个小桌，代价却高出房舱二分之一了。那次同舱的连我一共是四客，一个二十二三岁的青年军人，一个行商，一个是穿袈裟的修行人——后来知道他是会音寺的和尚。他是胖胖的脸，光光的头，正同一般典型的和尚一样。手里拿着一条宿珠，用拇指的指甲一个一个地掐送着。

青年的军人睡了一觉醒了，好像极不耐烦地坐了起来。他是一个瘠瘠身材的人，脸上土黄色，肩背有些向前弯曲，那一身军服穿在他的身上，分外显得不称了。由他一个人，我仿佛看出中国军人的精神来了，疲惫的，倦怠的，没有一点出路的中国军人。因为他的面庞好像我的一个朋友，所以我并不嫌厌他，而且阴自尽思索关于他的事了；他是因此因彼地穿上这身军服了，他又是因此因彼地不能把他脱下了……莫名其妙地，我又联想起这“不得不”的人生了。

我想，他或者是世间的一个畸零人吧？没有人还能对他说：

——孩子，我生了你不是为去漂泊的……

——亲爱的，你在我怀里永也没有安睡过，你却要常常到辛苦的路上打盹去……

江船静静地驶着，两岸葱绿的树木，如影戏一般地向后移动。这四个人的客舱里，充满了寂寞的空气，并且使人感到一种压迫了。那青年的军人坐起之后，连连摇了几下头，同时把两腿弯起来，用他的两手抱着膝盖。瞧了半晌那穿袈裟的人，想要搭伴似的说：

“到镇江去的么？在哪个庙里住持？”

“× × 的会音寺。”

青年的军人凝视了一会儿对面的僧人，仿佛关制不住地把心里立刻想解决的问题提出来了——

“人怎么就可以出家了？真的，我时时有这种愿心。”

“……”僧人没有回答，好像估量对方有没有诚心似的。

旁听着的我，也奇怪这种突然的问题了。在那样一个轰轰烈烈的时代，青年人们的热血都沸腾了，为他们的理想——为他们的幻梦，赴汤蹈火地去参加各种实际革命的工作，头颅是可以牺牲的，只要得着主义的实现；殷血是可以相和泥土的，只要得着他们的“真理”。而这样的一个伟大的时代，竟有这样消极思退的人！

时代的潮，正如同江海的潮，起来了，落下了，冲刷着，卷揭着……有什么准度呢？潮便是潮罢了。

“说到修行，那不是一种试验的事情。”僧人本着他的立场说。

“那真所谓是一而不是二的，现世是充满了罪恶，艰苦的修行，为着极乐的来生……心，唯一的是要净的，头上的戒痕，并不能代表了就是真正的信徒……”

我记忆不起那些说法了，我尽看他手里的那条宿珠，从头到尾，从尾到头，不止地轮回着。他说罢了一大段佛法，又从衣袋里拿出一卷黄色的纸单，喟然地说：

“我们总算是有‘缘’的。”说着，散给青年军人一张，我一张，看了一看旁边的商人，也舍了一张。单子上横印着“南无阿弥陀佛”六个大字，底下：

> 莲池大师曰：渐渐鸡皮鹤发，看看行步龙钟，假饶金玉满堂，难免生老病死。任汝千般快活，无常终是到来。唯有径路修行，但念阿弥陀佛……

不知什么时候来的不测的风云，船窗外边的江天，都已经黑黝黝的了。在天际时常现出一条一条裂隙似的闪电，那使人见了心头发颤。座旁的商人忽然指着窗外的空中说，看，那不是一条戏水的龙！那龙爪攫着云头……

我看不见什么，但觉得四围好像惊心动目似的。

正是船到江面最宽的地方，风浪并作了！斜急的雨脚，把船身打得杀——杀——作响。这时，江面，两岸，四界的一切，都迷蒙在无量数的雨脚和雨星子里面了。船身，激烈地摇荡着，颠簸着，左右地成了很锐的角度。在雨声中，时而听见烟篷上的人们喊着——那是带着一种阴惨而凄冽的喊声：“大家坐下！大家坐稳固了！……”

同舱的几位，都回复到以前的沉默了，这几个有缘的人们当中，谁是如同坐在莲花托上那样泰然怡如呢？

……

风雨过去了，到码头的时候，已经天黑。岸上的灯火，好像还在余零的雨星中打颤，眼睛眯眯地睁不自然。

下船之后，我随着那旅舍引导人的身后，默默在自己不知悉的凸凹的泥泞的路上向前走，我好像到了和平宁静的彼岸，我已经离却那险恶的江船，迈到夷旷的大道了！不，我还不能相信！在这旅的中途，我不知还要被那运命的力推送到何处去……

当我睡在旅舍的小房里时，听见不知道什么地方的寺钟，一声一声地，悠长地，余音袅袅地响着，不时地，又从那远远，远远的地方，送过几声号角，悲壮地在这清彻的振荡。

这同是人生的节奏吧。

摇机的

在悠长倦惫的旅途中，我有一次经过我的故乡，我偷闲地在我姑母家里歇了几个星期。在这个期间，我曾重寻童年时代的一切的陈迹——那深深铭镌在我脑中的陈迹，可是一点也没有了；就是固定的城河与旧居，也完全改变了他们原来的面目。故乡是什么都没有了！我虽然住在亲戚的家里，但我感到一种比旅途更寂寞的寂寞。

几个星期中我所得到的是什么呢？除了那个摇机的肖像存在我眼底以外，我实在说不出旁的了。

他是姑母家附设印刷局的一个工人，每天吃罢晚饭，我们同在一起谈天，说说笑话。表弟给我介绍的时候说，你懂他的话，让他讲个“老乡”的故事给你听吧。他立刻指手画脚地说出东一段西一段的军队生活。有时，邻居的伙计笑着对我说：

“叫他画一匹马你看，他画马是拿手的。”

还没有等我开口，他便把笔从笔帽中抽出，看一下我，笔头在舌上舐了几舐，找一片纸就画起来了。

果然地，从他下手的几笔看来，就知道他是非常熟练的了；不到十笔，大腿有了，头有了，蹄子也有了……

围着他的人们，仿佛被他这天才惊呆着，一声不作，多少只眼睛随着他的笔头动着……

最后，还画许多根马鬃，把笔画干了，于是又把他在舌上舐几舐。

但这次他不再向马鬃上着笔了。忽地，在马肚上三两笔地添了一个生殖器。一匹完全的马像，便告成了。这时呢，大家都哄笑了，然而他还和未画马以前的神情一样。

我知道人家所以介绍他画马的动机了，同时我也认识出这一个有趣的人了——我所爱的这种北方人的朴厚与耿直。

他才十七岁，身体长得很高的，依着糊口的是他两个腕子，他一天不知要摇多少次机子，每次摇起机子他便不说话了，两腕也同机械般地停一两分钟摇它一下，在停着的时候，便擦一擦额上的汗珠，接着又摇了起来。在我看来，这种工作是很吃力的，委实的，要卖了他所有体力，来买一口饭吃。

姑母有一次对我说："亏得有这个北方的孩子，机子都是靠他摇呢。很上算的，一个月只要给他两块钱；订的是半年不许转户的。"

听了这些话，我心里更觉得怏怏的了。

不知是不是因为我是懂他话的对手，他总喜欢和我谈话，而且大半关于他的身世。

"我们家里也有不少的地，还有骡子、马和轿车。我没有母亲了，父亲已经很老……"

"你怎么会从直隶跑到这里来的呢？"

"因为生了一股气罢了。"

"好大的气啊！"

"真是的，要不是嫂嫂那次挑哥哥毒打我，我也不至于有现在的。从那次我便由家里跑出来的，立志非当兵报仇不可。"

——"兵"是解决一切问题么？我想，又问：

"当了没有呢？"

"当然当了。可是不久我又从营里跑到我们村里，在中途我反悔了：气还没有出，回去不但让他们奚落我，父亲也要骂的，好人不当兵……亏得在中途遇见我们那里有到这里来做生意的人，我就跟他们一起来了。他们知道我家里，所以不怕我连累他们的。"

"你来这里多久了？"

"半年多了。"

"气——气呢？消了一些吧？"我不好意思地问。

“……”他没有回答。

“你想回去么？”

“其实，在这里多爽心啊，自己吃自己的，卖点力气。父亲倒常来信想我回去。”

“我们同路吧，不久我就要走了。”

“不，我已经在这里订了半年工了。”

……

他仍然天天摇机子，有时给人家画一张应有尽有的马，让大家满足满足他们低级的趣味。

我不久就从姑母家里起程了。上船的那天早晨，我没有看见他。船将开了，匆匆从船窗外伸过一个颈子，那是他，那个摇机的，仿佛在寻找什么。结果，他发现我坐的地方了，他忙忙地便跑到我面前了。

“你走了？”

“……”我没有说什么，我的身体不是已经坐在船上了么？

他望了我一会儿，把一个小纸包放在我手里，他走了。

从那次以后，我便再也没有看见他了……

船开之后，我打开纸包，纸包里掉出几颗枣子。

啊，这是他给我送别的礼物！我仿佛看见这个耿直可爱的人立在我的面前，我心里轻轻地跳了。

船是往相背的方向去了；我又在旅途上了。我想起这枣子大约是普通人所隐含着“早”字的意思吧？

——他是不是希望我“早”日抵达我所要去的地方呢？唉，运命的力，在推赶着，尽力推赶着，我还不知要往何处去……

横竖，在我们生命的中途，迟早都没有什么关系的，不同是一样地在“mortal”这个字的界围之中么？

一九三〇，八月初

南行杂记

雪

我出发后的第四天早晨，觉得船身就不像以前那样震荡了。船上的客人，也比寻常起得早了好些。我拭了拭眼睛，就起身盘坐在舱位上，推开那靠近自己的小圆窗子。啊，滔滔的黄水又呈在眼前了！过了半个钟头在那灰色和黄色相接的西边有许多建筑物和烟突发现了，这时全舱的人，都仿佛在九十九度热水里将要沸腾一样。

早饭的时刻，有很多人都说外边已经落雪。我就披了衣服走到甲板上去，果然是霏霏的雪正在落着，可是随落便随化了。我如同望痴了一样，不是望一望海，就是望一望天边，默默地伫立着，我也不知道经过多少时候。

“唉！别了，凄凉的雪都！别了，凄凉的雪都！……”我曾在京津道上念了上百的遍数，但今朝啊，黄浦江上也同样落的是雪花，而且这些和漠北一样的寒风，也是吹得我冷透了心骨。

上海我到了，初次我到了这繁华罪恶的上海。

我曾独自跑到街头去徜徉了几个钟头。在晚间，我也曾勇敢地到南京路去了一次。那儿不是同胞流血的地方么？可是成千成万的灯火在辉煌着……

夜间，将近一两点钟了，耳里还模模糊糊听见隔壁留声机的唱声。大概是“阎瑞生托梦”那段，总是翻来覆去地唱。我看见了上海，此刻我仿佛又听见所谓上海了。

睁开眼睛的时刻，雪白的蚊帐静静地在四围垂着，从布纹里去看那颗电球，越发皎洁了！大概是夜更深了的缘故。

过了一刻，我什么都不晓得了，直到第二天茶房叫醒过了后。

沦落人

沪宁道上一点也不感觉寂寞，窗外尽是可爱的菜田、茅屋、井栏………我不再想那岛国的武藏野了。

苏州到了，苏州城外是一片垒垒的墓地。常州到了，常州城外是一片垒垒的墓地……也许苏州常州的城里是天堂。他们正为着他们的事业奔忙，他们正在赞美或歌咏他们的人生。但城外的墓地不再增长了么？我只默默地冥想。

无锡大概也落过雪吧，那些向阴的还没有融化。

车子如箭般地向前驰着，有时候走近江边，有时候走在山下，过了尧化门不久，似带般的城墙便望见了。这时候太阳已经在西方的山后了。

下车后就匆匆跟着接客的走到旅馆。

虽然还在我旅行的中途，但我没有一点疲倦，给我扫兴的却是车站的脚夫和旅馆的茶房。

这里的电灯晦暗极了，怕还没有菜油灯那样亮。帐子是乌黑的，至少有八九个洞。

“开饭不？白饭三毛，菜另点。”

“迟一会儿，我想出去哩。”

那位茶房先生，大概没有如愿以偿地走了。

后来我出去吃了晚饭，在街上走了很久，买着一本中国旅行指南和一札南京风景画片，——就算我到了此地的纪念吧。

我的隔壁又来了两个玩把戏的北地的客人。

又有两个南京口音的女人在殷勤地问长问短。

莫非“同是天涯沦落人，相逢何必曾相识”吗？

我将要睡的时刻，茶房先生又进来了。

“要开水不？”

“就睡了，不要。”

“喊个姑娘陪你，好不好？”他又客气又和蔼地问。

“什么？”

“喊个姑娘陪你睡觉……”

“什么！”

碰了钉子的他，赔着笑走了。

这样一来，我倒如同临阵似的谨慎起来了！锁好了房门，关紧了窗户，又把一盒火柴藏在枕头底下。院外和隔壁女人们的歌声笑声，使我感着极度的怕惧！此刻我虽然孤独，但我绝不稀罕什么。

同时我了解了，沦落人对沦落人的殷勤原是可怕的！

到了西伯利亚

第二天的黎明我就渡江到了浦口，天色和水色都很灰黯，这里的风景和建筑物也仿佛换了另一个世界，看看南岸，还安然睡在晨雾蒙蒙里。

在寒风里候车子，从早到晚足足有十个钟头。

车来了，却是一列没有篷子的货车，四边也没有门，并且是漆黑的。

十点多钟车才开，但鹅毛般的雪花也紧紧从黑暗的空中飘下来了，旅心虽然如焚般的急灼，抵抗它吗？啊，和我作对的天！

黑黝黝的一长列车，在黑黝黝的郊野古隆古隆进行着。经过一站就停得很久很久。那些已经冻僵了的驿站、路灯，都仿佛同情于我的苦楚。

车是向北，风是向南，而越吹越紧的雪花，却从四面飞击着我们。车上一点温气也没有了，只靠了我们自己卅六度的体温和严寒冰雪奋斗！

车过滁州，风雪比以前更紧了，客人们的头上身上和行李都尽了一层白色。

我不知我是昏睡过去还是冻死过去，迷迷糊糊过了两三小时。

啊，漠野的山岗、枯树、茅草房子……都稍稍有他们的轮廓了，但分不出是天明还是雪光。我定了一下神，我周身更觉得寒战起来，摸一摸身上的雪，上层是坚固地凝结着，里面却湿津津地在融化。

——啊！我到了西伯利亚！我是不是坐在流刑的车上啊！

我想哭，但不知怎么我又笑起来了，我笑自己，我更笑这一车的人们，为什么拿了金钱来换西北风，来聚了这么一个餐雪受罪的旅行大会！

——啊！可怜的中国人！可怜连畜生都不如的中国人哟！

天大明了，看见成千成万的乌鸦，在荒凉的雪郊哀鸣着，他们是不是为饥？是不是为寒啊？

……

挣扎挣扎，九死一生的挣扎，直到午间才到了我所要到的地方。但这个荒凉，寥落，像前世纪留下来的村庄，几乎连一只狗都没有。

唉，就是更荒凉更寥落的西伯利亚，还有一群一群的凶狼，还有一个水草所在的贝加尔湖哩！

旅馆的楼上

雪是依旧地下着，四围一点声音也没有，仿佛完全被雪征服了一样。檐头，门垛上，缸盖上，都厚厚地堆了一层雪。

第二天我们到蚌埠来了，三十里的路程用了四块钱的车资。不过路也是太难走了。一个人在前面拉，一个人在后面推。两三部车子在这一望无涯的雪海里，真使人感到说不出的阴郁寥落。

初次到蚌埠了，很侥幸——不，也许很不幸，初次我看见了所谓中国的官场。

二层楼的旅馆房里：一会儿张科长来了，一会儿王参谋到了，一会儿是李处长的电话，一会儿什么禁烟局长特税局长，煤油烟卷长……数不清的人物都翩翩来了。——光光的头，光光的两颊，光光的古铜色公司缎皮袍，光光公司缎的团花黑马褂……

不久，帐子里吞云吐雾了，全室都充满了麻醉性的鸦片气氛。酒肉，菜汤，三炮台的烟筒，牙签盒子……狼藉得一大桌子。另外一张桌上，却很干净，一副骨质很厚的麻将牌，四面堆得齐齐的。

“茶房，茶房拿局票来！”

这个也写，那个也写，一刻的工夫，一打粉红的局票都写光了。

一会儿银弟来了，一会儿菊芬来了，一会儿月楼香弟……都来了，我暗暗地数着，但走来走去的，我竟没有得着答数，反正那一打粉红局票，是可以看一阵的，我想。

答数虽然没有得出来，但我归纳出几条特征，她们口里都是亮闪闪的金牙镶着，这是一。她们都是说的扬州话，这是二。她们的衣服都是最华丽最耀目的，这是三……还有还有……我也说不出来了，她们的眼，大概都是妖媚的，她们的肉体都是……

这时屋里真是济济一堂，沙发上、椅子上、床上，还有人们的大腿上都坐了人！

“你打就打吧，可不许用劲。”那边一位官儿乞怜般地说。

“什么？你还怕用劲？你快说，你再用一点劲！”

“好！饶了我吧，就是打死了我，我也不能说这样丢脸的话。”

“那么我打了，你不许动，一！二！三……”一个穿旗袍剪了发的妓女，打着那个曾出过告示，“尔等一体禀遵，勿违，切切此令”的官儿的嘴巴。

“七！八！九！”停了一下。

“十！”啪的一下好似一声惊堂木惊动了全室的人们。

“啊！好疼好疼，我非捏你一把不可！”

“疼吗？哟……哈哈哈……”她笑了，但很不自然。

那位官儿报复的时刻，在她俯仰难耐的当儿，可以看见她膝盖以上的一部分白肉……

我仿佛在荒谬的梦境里，我的眼睛都迷离了！

我猛力推开靠着自己的楼窗，看见马路上的夜色，看见乞儿们抱着火盆跑着，看见灯光底下的雪色，是越发的惨白。夜气吹醒了我又恢复了自己的所有了。我也拿起一枝纸烟放在口上燃着，吐着轻飘飘的烟丝，我随看了烟丝冥想。

赭山

第二次经过金陵———我们的新都的时候，曾费了两天，走马看花地到各处名胜去玩了一次。到现在我还能记得那个雨花台卖石子的小姑娘，她尽追着我们，一壁气喘喘地倒她碗里和筐里的石子，一壁赔着笑张着小嘴说着：

“再要一点吧，还有美丽的呢。”

“慢慢地走，我带你们去看古迹。”

我为她——那个活泼伶俐可爱的小姑娘，曾买了许多石子，我们交易最热闹的地方，就在方孝孺先生的墓前石凳上面。

此外，秦淮河，是那样一渠污水，莫愁湖上的烈士墓是那样的荒废而凄凉……我到现在也没有忘记。

是三月三日的早晨，我又坐着上水的轮船到了 W 市——这里有我一个年老的姨母，这里还有一个我怀想了多年的孤女——虽然都还健在，但不是从前的她们了！老的更老了；年轻的她，被长年孤独与劳苦的挨磨，已经黄萎得不成样子。

啊，她的青春，才是一个无花的青春！

大约吧，也许是真的，她的眸子，在我眼睛里永远是生动的，在她眼里汪汪的泪水，别来倒没有枯竭。

窗外落着初春的寒雨，心情也越发被他低压下去了。雨声是听惯了的，倒不觉得什么，只有天窗上的雨水，潺潺地隔着玻璃流着，看着好像是一个阴泣的面庞，把人也带得烦恼了。有时睡下不久，又被街上的卖汤团的铃儿摇醒，四围都是鼾声，没有一点动静。楼下的她，也已经熟睡了么？

雨过了，蔚蓝静穆带着慈祥的天空，又悬在头顶了，然而我的心，却依旧的阴霾，他像没有消尽的朝雾，又好像黄昏时候渐深的霭色。

“等地干了我们一同上赭山采荠菜去。”姨母说。

“……”她无言地望着我，她的眼中好像说，“我也要去。”

“她知道荠菜的地方，她一去就采回一大筐来。”

“……”她还是没有话说，听着姨母夸她，她微微地笑了。

我想借着机会同她一道到赭山采荠菜去，在空旷无人的地方我们手挽着手儿，肩靠肩地谈心。我为她理那被风吹乱了的鬓发，她替我挟着走热了时候脱下来的外衣。

我想我们不一定要采着满筐的荠菜回去，我们只要向前走，走上赭山，走到山顶，我们坐在山顶的那些岩石上，默默地，轻喘着，也不说一句话。我们尽看山下那条如带的长江，远处画般的山影，烟和树木……

但不作兴的春雨，又连绵地下起来了，荠菜终于没有采成，虽然赭山就在屋后不远的地方。

人生渴想的美梦，实现吧，那是增加了追忆时的惆怅；不实现吧，在心上又多了一条创痕。

我们毕竟是无言地又相别了，荠菜没有采，赭山也没有去。

临别那天的黎明，隔了夜的油灯还没有吹灭。我走下楼的时候，姨母已经哭出声来了，走到后门外的一条小巷口，才看见她一个人眼睛通红地伫立在那里，在这种难别难遇的时候，我竟对她说不出一句话来。我走过小桥，还望见她立在原来的地方，我向她远远地招了招手，转过茅屋，便不能再见了。

郊外完全蒙在晨雾里边，河塘，草房，阡陌，一切的树木都不能辨识了，就是那一片赭山，也遮得迷迷糊糊的。

行李车子在前边默默地拉着，我也是默默地跟在后边，因为雾色太浓了，行李车子在二三十步前就不能看见。到了江边，才知道船被雾迟误了，要等到午后一点。

我在一家小茶馆里消遣着。对面就是滚滚的长江，帆船在江面上慢慢移动，有的向东，有的向西。

假如不是有雾，大约此刻已经过了采石矶了。

其实，我现在还在 W 市呢，我想到姨母和她，她们的眼泪不知什么时候才干……

她们留我住到清明，说清明到赭山踏青去，但我竟没有答应她们。

赭山虽永远在那里，但什么时候才能去踏青或采荠菜呢？并且伴着她们！

两株石榴

从丹徒坐小火轮到江北的仙女庙，已经是午后两点钟了。天上拥着灰重重的云，地上开遍了黄的菜花。从田径里经过的时候，闻着一种清的香气，天虽则阴着，但暖风中混着菜花的香气，使人感到春是烂熟了。

换了一个码头，船也换得更小了。舱里有十几个搭客，他们都是说的乡音，但并不给我什么愉快。

十五年未曾回过的故乡，时时在我梦里映现，在我脑幕上留着它的轮廓。可惜我十五年未曾见过的故乡，偏偏我遇见它又在晚间。河沿上是荧荧的灯火，河面上有许多金龙似的灯影浮动。街巷点点的灯火，把老朽了的建筑物照得黑一块白一块的。

下船之后，我便用着全力去追忆那些留在脑幕上的故乡的轮廓和印象。我好像记得：从码头出来，穿过一条小巷，向南走尽一条短街，再转一个弯子便到我们的旧店了。果然是的，我仿佛在梦中旅行着，我真的自己找着了别过十五年的旧店了！我们的旧店，在我眼前更旧了。窗户，门槛，石阶，梁和柱……一切都是土褐的颜色。它们和人一样，禁不住风霜和雨露的摧残，尽完全褪了它们少壮时候的精彩了。

我们的店，幸亏是被姑母家占去了，否则，经了十五年不曾回来的我，谁还认识我是这里的当初的一个幼年主人啊！十五年了，像一瞬似的；又好像隔了一个世纪。

我睡在店后的一间小房里——是当初母亲做饭的厨房改的。我临睡了，我轻轻喊着我的母亲："今夜还不入梦么？你的孩儿已经一个人找着他的故乡了，并且是你当初辛劳的地方……"

第二天醒后，我望见四壁泥土都已经剥落了，自己好像睡在一个土窖里。我起身了，仔细地寻索我梦中和童年时代的那些伤逝。也许我醒得太早的缘故，四围非常静寂，好像自己在一圈荒冢的当中，前后左右都环绕着无数的幽灵……

院里铺的砖地，已经被踏得龟裂而且破碎了，西邻的墙脊，向这边深深地倾斜，好像再经一次暴雨就要塌倒了，南墙荫的花台，倒还有满台的泥土……那个水缸，已经破裂了的水缸，也好像在露天底下二三十年了！记得我童年时候，它早已在那个原处放了不知多少日子了。

花台旁边有两株石榴，它的根，已经穿过了花台，穿到邻人的院里。树干向北倾斜着，它的枝和叶，高过了我们的屋脊，疏疏的影子遮着半个天井。

姑母说，这两株石榴已经有了年纪，还是她幼年和我父亲同种的。那时还是好玩的孩子，吃过石榴，他埋在地里一个种子，她也学她哥哥埋了一个……

岁月过得多么怕人啊，婚的婚了，嫁的嫁了，两株石榴都长过了屋脊。

岁月过得多么怕人啊，父亲生了我们许多兄弟；姑母也有了许多儿女……现在这石榴树，也都渐渐枯老了！有一株已经垂死。

姑母说，当初这两株树，曾结过成担成担的石榴，不但自己家里吃不尽，就是邻居、亲戚也都腻了。

——现在呢？我问。

——盛旺了一时，早已不结实了，你看，那一株已经枯了一半，那一株也没有什么叶子。我呆呆地望着两株石榴，它好像是两个黑魆魆的幽灵塔了，我有点骇怕。

——姑母，哪一株是你种的啊？

……姑母也呆望起这两株石榴了，她好像用力地在想，在回忆，在回忆起她五十多年前童年的当时！

唉，我不该问，我后悔了！虽然她没有回答，但我把她引到一个悠长的沉默的回忆里去了！

十五年未归的故乡，在我心里如同隔了一个世纪，又仿佛只有一瞬；姑母，她已经住在这里五十多年了，在她心里，是觉得悠长？还是觉得短促？假使没有我的追问，不会引她回忆，不会引她感到人生也是这样随草木同枯。

我一个人去访我们的旧居——我的生地，但那里已经改建过一次了。我竟走过了那里还不知道。旧居旁边的石桥还在；隔壁豆腐店也还开着，我痴立在桥头，我徘徊在豆腐店的门前：无言地凭吊着我们的旧居——我的生地。

夫子庙前的河水，依然是那样的洁如明镜，河畔依然有许多女人在那里捣衣，洗菜，淘米。但是那些静静的垂杨，好像已经不如我童年时候的依依飘摇了，他们都在隔岸默默无语。

我走到外婆婆家去，那里漆黑的两扇木门也是紧闭着，我还想去看看那里的竹林，姨娘的卧室……但房子早已换了主人。我用力从门隙处窥望，什么也不能映进眼帘了。

高桥，南山寺，城隍庙，松林庵……我又去重访了，还有，在我记忆中留着恐怖的那口大钟，我也再去看了一次。现在我不怕了，我知道它不是飞来的，我相信它也不会再飞走了。传说过飞来时曾随着仙女，飞走后城市就要变成泽国……

有时坐在店堂的长凳上，吸一两枝“红锡包”，看看隔了两天的《申报》。街上走来走去的行人，男的还是带着鼻钩、耳环和项圈；女的还小小的脚，安然地坐在独轮小车上被人推着走。

有时，一个人跑上城头，望着噪杂的街市，望着静静的河水，默默的垂柳……又望见了许多屋顶中有我们的店里的老屋，还望见那两株高过屋顶的石榴……

梦中也曾垂过口涎的家乡烧饼，并没有吃够，更可惜我离乡的时候，龙头芋和菱角米都还没有上市。

我到广州，倒巧遇了正是荔枝新熟的时节。

珠江之畔

广州市泰安栈的客人名簿里，大约还留着我的姓名籍贯和年龄那么一条记录。在第九十七号房里，我整整住了四十二天。这四十二天里，不但生活的苦痛把我伤毁，就是和蚊虫的作战我也败北了！

一天之内，时常有多少次的暴雨，暴雨过后，毒烈的太阳又仍旧出来了。的确的，异地人到了这里，时时都会感觉他在蒸笼里。蚊子，他不问白天与晚间，仅在屋里嗡嗡地唱着，他也不问这屋里的住客是一个贫血而且没有养分的穷鬼。

人穷了也是常事，但我发觉自己的食量却和穷的程度俱增了。在所谓富贵的人们说，这自然是一种福气；在穷人却是最大的一种不幸！吃了午饭忧虑晚饭，忧虑罢，不久肚子又空了。

侥幸我还能够自己支配自己，午饭两片面包；晚饭是隔壁卖的一碗饺面。因为饺面店去熟了不好意思，所以也时常在栈里叫一个客饭吃。伙计收拾走的，永远是干净的碗、碟与饭桶——它们都是空洞没有一点余剩了。

贫与病，孤独与悲哀，都能给人们不少的启示。有了它，你可以知道人生的表与里；有了它，你可以知道更多一点的生之意义与神秘。

从这个驿站到那个驿站

从这个驿站到那个驿站，本来是不远的，何况又是被那风驰电掣般的火车带着呢？

是夜车，乘客并不怎样拥挤。在黯黄的灯光里，可以看见车厢的到处都涨满了烟纹。碰在车窗上面的水蒸汽，早已结成了一层皓白的带着花纹的冰霜了。三等车本来冷，望见窗上的冰霜，仿佛使人更觉得寒冷了。

——冷啊！我这样想。车里是和荒郊一样的冷；死去的人们埋在深雪的地下，生着的人们现在躲在冰霜包围的核心里。轮声辘辘，它奏着旅客们催眠之歌，奏着宇宙的无言的寂寞。有时汽笛高喊几声，似乎在得意般地告白着：

——我的使命伟大，我有着燃烧的胸怀！我能把人们从这个驿站带到那个驿站。辘辘的声音震不醒客人们的旅梦，震不落窗上的冰霜。只有几个“相逢何必曾相识”的旅伴，在默默地对视着，冥想着。

夜更深了，我的眼睛还不曾眯一下，旁边坐着一个中年的妇人，不知怎么在她那双也没有眯过的眼角里暗暗地流出泪水来了。

不久，他自言自语地说了她的许多伤心事，虽然周围都是一些她不相识的陌生人。

她的泪，愈流愈不能遏止了，她断断续续地诉说，她以为世界上再也没有比她更伤心更可怜的人了。她说罢一段，拭一拭她的眼泪，拭罢眼泪，她又继续地说了下去。几次，她用指甲去抓窗上的冰霜；窗上的冰霜被她抓掉了一大片，望着黑黝黝的荒郊，问：

——就要到了么？

没有一个旅客不是希望早早到达他的目的地的，但看她的神情，好像唯恐早到了便说不尽她的伤心事似的。

起初，我想：仅只是从这个驿站到那个驿站的一截路，有什么样的伤心事是值得诉说的呢？

后来我转样地想了：从这个驿站到那个驿站，本来是短短的，在这样短短的行程中，竟有这样长长诉说不尽的苦衷啊！

——唉！她是人，她是人！是这世上受难不尽的动物！

——她是人！这受难不尽的动物，永远要宣泄了自己的悲哀与凄楚——哭或笑，在任何的场合里。

“人生”的过程，其实也不过是从这个驿站到那个驿站；我们全人类的“全人生的过程”，又在那里留着痕迹，又从何处听到他的呼声？

我悔恨了我没有在这次夜车里睡去：虽然是从这驿站到那驿站，这么一截路，短短的，可是，梦就比他长了。

不眠

过去的三个多月，我把整个的生涯消磨在一个船舱般的小屋里。白昼与晚间，同样使人感到阴霾与隘窄。我没有钟表，我只是看着一线的阳光来分辨一天之内的时辰。

当我完全浸在黑暗的浓液之中——浓得几乎凝结了的黑暗之中，我知道是夜了，并且是深更的时刻。我的周遭，听不见夜莺的歌声，也看不见一颗闪烁的星，不拘有几声互相应答的犬吠，或是从远远的地方，偶尔传来一阵摩托飞驶过沥青路上的风声，但，夜并没有失去了他的宁静的魂灵。在这宁静的深夜里，万物都在疲倦后安息着，万物都为了要恢复他们明日的活动力而安息了。

夜的面目，恐怕只有那些不眠的人们才能知道——虽然他们也不能够指明出什么象征；也说不出他来自哪里，又向什么地方去了。

不眠的人们，委实地，怕还没有那些阖着眼睛酣睡的人们所见得多呢。在同样黑黝黝的世界里，他们常常看见朵朵盛开着的蔷薇，也许竟和一些穿着白衣的仙女们一同蹈舞；他们会在最快活的梦境里尽情地唱，尽情地歌，尽情地痛哭或狂笑；他们可以得着无限的拥抱，无限的慰藉。

然而，不眠的人们却在辗转着，辗转着，好像一团女人的头发，越来越把他的心孔填满，越来越把他的眸子缠紧了。他们好像一个顽皮的孩子在用心作画，可是这幅画却是越画越密簇了，结果连水带墨地泼成了一片模糊的颜色。

他们由焦躁而安宁下去，他们由安宁而挚诚地期待着什么了……

渐渐地，四壁映起铅灰色了，渐渐地，由铅灰而银白了——这或者就是不眠的人们挚诚期待的结果吧？他们好像把那一团黑发一根一根地理开了，一根一根地舒展了，把那一幅乌黑的图画，慢慢地用清水洗净了。

邻鸡和麻雀都啼叫了，好像都在庆祝这个世界的重明。

也许，他们是对我道“夜安”吧？我漠然地想。

不眠的人们是幸福的，虽然他们的眼睛没有合拢，可是他们不知道“今日”是怎么来的，“昨日”是怎么去的。他们找不着“昨日”的尸骨埋在哪里，也从不曾听见“今日”诞生时候的哭声。与其说他们和今日相近，还不如说是和昨日相亲一些了。昨日的一切，仿佛在不眠人们的脑中延宕着他的不死的生命。

然而，倘使昨日真的是不死的东西，那么人类怎么会留下了那般悠长的历史呢？在明暗的交替里，爱情是渝了，青春是逝了，一切的一切是在静悄悄的里面消逝了。如果真的能把晨鸡当作对我是道“夜安”的，那么我的一切也无所谓过去了；我的一切都还不死地存在着。

如果没有人说我这是“聊以自慰”的话，那么我将永远膜拜我的上帝，膜拜在黑暗中不起了！

我愿望着和我一样不眠的人们同呼一声“阿门”吧。

我的病

因为我的病，我拜访过的医生要比我所认识的朋友多出好几倍来。日子久了，病生得如同一个将毕业的顽皮的学生，医生对于他早就淡然而置之了。他们不像从前那样再做虚伪的贱笑，也不再猫哭鼠般地假装一副晦气的同情的脸色了。病的程度，在他们心里横竖是清楚的。

在不久以前，我的病又发作了一回，我第一次去拜访一个新的医生——并不需要名刺，只要拿出袋里的钱，换一个竹牌或纸片一类的东西，他便愿意接见你了；或者说，医生愿意见你的是在你手里刚才用钱而变来的那竹牌子或纸片一类的东西。

然而，拜访一个医生不是那么容易的事情，先要坐在候诊室里静静地等候着。于是我便在候诊室里了。我的眼睛四处张望，我望见了壁上挂的一块一块的匾额：一块是四个顶大的金字，“青囊济世”，一块似乎是“华佗再生”，另一块是……还有一块的下款落着我所熟悉的一个同里人的名字——两年前因咯血症而去世的一个肺病患者。

我心里有些烦躁而作恶。死人的匾额哩，想着。

我被接见了，医生和蔼可亲，并且笑，一个胖胖面庞人的笑，那笑的模样是值得打双圈的。

“莫着急，明天再来。”

跟着一个笑。

明天——

“莫着急，明天再来。”

跟着又是一个笑。

……

过了几多个的明天，我终于不敢再去拜访他了。我怕的是那个笑：我怕的是他不清楚我的“程度”而一味用这样笑的药是不妥的。

接着，第二次我被人郑重地介绍到一个官立医院去。

一样的要在候诊室里等待，这里没有匾额了，反觉得有些寥寂。

我被接见了，医官威风凛凛，并且噘着嘴，是一个瘦得像猢狲的人。

“看什么？”

“T.B.”我免得麻烦竟而回答出了病的名字。

是听，打……那么一回事。

“回去养。”医官没有另外的吩咐。

我恍如一个犯人听见法官说“带下去”一样似的战栗。

——重病之人如重犯！隔了一会儿我才在心里这样暗叹起来。

后来，费了九牛二虎之力，我反倒在这个官立医院里住下来了。

在三等病室里住的，大约都是一些和我差不多 From hand to mouth[①] 的病人们吧？他们呻吟的不只是病的苦痛，他们呻吟的还为了生之无路！他们或者借着病的呻吟去呻吟他们艰辛的人生；我呢，却是在他们的呻吟声中暗暗流着自己那遏止不住的泪水。

唉，病痛的人们是没有阶级的，但永远也不会联合起来；受过生之创伤的人们，又哪里去寻疗治呢？

像一群犯人似的，我和那些同命运的人们厮混了两个星期，结果仍然是被迫出院了。我没有忘记的是：那些清晨，晚间，夜里的悲惨的景象与哀绝的声音……

归来以后，更是意想不到的荒凉，走进自己的屋子，一眼便望见床头挂的那幅自己摹临下来的炭墨画了。

还是在没有病倒之前我把 william siegel 作的一张《女工用点心的时候》

---

① 英文，意为“仅能糊口的”。

图画放大了。这画里是一个女工坐在地下室的一个阴霾的角落，手里的面包只咬了一口，她尽自仰头望着那不容易见到的一块阳光……

我想到为生活，为病痛——不幸的我的病疾——而在外边以微弱之力挣扎的，我想到歌德的话来了：

“谁不曾忍泣吞食他的面包？”好在这句话我已经为了这幅画而题签了。

走到院里，草深没径，四围已都是绿之帷幕。

——我的病是伟大的，我不知道冬是怎样去的，只见春之角色都已登场了。

——我的病是“划时代”的，我的病所以伟大！我聊以解嘲地这样想，自己频频地苦笑了。

一九三二年春末

夜过御河桥

我像一个暮年的商贾，已无心于利禄，或者比较恰当一点说，只是一个漂泊江湖的走贩，现在又重复转到了这古旧的都城里来。

我久已怕了明晃晃的白日，我最喜欢的是无边的昏黯。在昏黯里我仿佛才有力睁一睁自己的枯涩的眼。

但在这古旧的都城里，又偏偏多的是风沙尘埃与黑烟！

这一夜，我忽然逢到了久别的清新的荷风，他沁凉了我的周身，同我周身的所有的毛孔。我看见了脚前那用尽了力气驼起了背的车夫，他拼命地向前，同时我也看见了那一个一个渐高渐高的白石桥栏。

“金鳌”的牌坊隐在背后，“玉蛛”的牌坊又矗立在眼前：左边是黑黝黝的，右边是黑黝黝的，黑黝黝的都市里的南北之海！

那灯光，那梦魔的迷迷的眼。那倒影，那挂得长长的清凉的鼻涕。

夜在阴自啜泣，有芦荻吧？却不知偷生在哪里。

玉蛛的牌坊，也隐在背后去了。

有过宝藏的国城，现在还是虚掩着门阙，宝藏恐怕早被年年的西风吹瘦，悄悄地从门隙里潜逃了。

这暮年的商贾，这江湖的走贩，如今一个行囊也没有，就只剩了这一副病残的躯壳，空空洞洞地装在吱呀的车上。

车子也只是一辆。又悄悄地穿过了洞敞着的三座门了。

一九三二，九月八日夜

棘人及其他

棘人

我这次回到家里，已经隔了好几个寒暑。到家的那天，距父亲的死已是六天之后了。倘使我六天之前归来，也许在父亲衰老的脸上还弛下一条笑纹，在将要模糊了的脑中添一个还存在着的儿之印象吧？也许，在弥留的时刻不致睁大了那双无光的眼而久久不瞑吧？

几年前我离开这无母的家，几年后我又回到这没有父亲在的家了。从此，永劫，在家里，生在世上，我是母亲也没有，父亲也没有的人了。想到父亲，想到母亲，想到土壤，想到丘冢，想到了这无尽或有尽的天地……

家中的一切，都是在预想中的：零乱，荒芜，凄凉里夹着喧嚣；然而，我这预想的年纪，毕竟还在它的孩提：那零乱的荒芜的……一切一切的成绩，却已像些结实了的果子，肥满的野菌，累在树上，盖遍了大地。

我哀戚，我已没有一滴泪。

父亲躺在漆黑了的棺里，弟弟被满头满身的缟素包裹着；他们悲哀的也许悲哀过了，沉静，沉静里填着死寂。无言，也没有一滴泪。

交织地映向我眼帘里的是黑的和白的；生的对着死的，死的对着生的，逃遁吧，隐避吧，然而在这天盖的底下，有谁能告诉我一条不曲折不回顾的直直的路径？当天的晚上，我就被放在齿轮上转回了，先从我的箱底，拾出些几年来也不会用尽的名刺，用着墨笔，在每张名刺上添写着棘人，棘人，棘人……

坐着父亲生前的一辆旧车，转到东转到西；到一处就要先递一张名刺，到一处如果允许进去，也就等于要接受我以头叩地的至敬的礼仪。

我昏沉沉地在车里无所谓地想：人而为棘，栾栾兮。稽颡，稽颡复稽颡……

第二天

睡在床上做梦，怎么也不能成真的，夜只是黑暗，他并且掩盖光明。当我醒觉来了，已经是我回家后的第二天早晨。眼前又是黑的白的交映起来，仿佛更深地使我警惕：这生的还是生的，那死的还是死的，梦的境地在哪里呢？所有的生的都是生在这现实的圈围里。

父亲的棺柩还没有封，到十点钟的时候，来了几个工匠，带着他们的斧和钉锤；几个吹手，带着他们的长笛和短笛，我等候着，只有一双呆呆的眼，望着手上托着的蜡烛。

棺盖启了，从一方玻璃里现露了父亲的整个的面庞，枯黄了的肉上，仍旧是一线黑的眼睛，一列白的牙齿。红绿的枕衾，围住他的苍色胡须。父亲带着这些，就永远睡眠在这个裹着他的棺木里。

清音从长笛短笛里吹出，低低的，绵绵的。

棺盖又阖了。

赳赳的工匠，扬起他们的斧锤，职分地向那许多宽长的木楔上勇猛地钉去。

——能轻缓一些么？

——要交代么？

低低绵绵的清音织在我的沉思里；如果有可能的话，那么愿随着那深长的木楔钉送到父亲的耳畔吧。

然而斧锤的声响，却是高过了清音。

铿铿——铿铿——铿铿——同时混淆着我的沉思，我委实要喊了：

——震醒了爸爸么？

——不么？

——就永别了么？

斧锤声和长短笛音都止了。回复了的还是沉静与死寂。

吹灭蜡烛，蜡烛短少的那一截到哪里去了呢？在沉静死寂的空气里存在看么？还就是随着轻风永远缥缈去了呢？

漆匠

我回来的时候，看见父亲的棺木已经是黑的，当然漆过了。

隔了两天，一个黑胡须拱背的老者来了，吸着长杆的旱烟，迎面而笑，说话是那么慢吞吞的，倒看不出有什么和蔼的模样，慢吞吞他像是怕那口旱烟吐出来——一口旱烟之来，在他想量中也非易事。

他的蓝皮袍子是那般黝黑，眼睛更黑，使人生怕的是那般黑而又那般的发着光亮。

请教了过后，才知道是棺材店的主东兼漆匠。

“漆过几道了？”

“两道。”

“两道。”

“今天又该漆了。”

“两道，第三道了。”我顺着他的话自语着。

“前两道已经用过八斤多漆。”像是报账的口气。

“八斤多了？”

“不能欺人的。”

这话证实了他前句话确是报账。我同样地顺着他的话问了一句斤数，想不到就能惹他表白诚实，他的诚实感动了我。

——两道，八斤多了，够重的。自己想。

我不敢对直着他的脸，因为他的眼睛太黑亮得可怕。自己还是低着头想，这回不知怎么想也想到他那双可怕的眼睛上去了。

——这种眼睛真是比漆还黑。

——胆小的人怕他，恶魔也会怕他的。

……

第二天看他来漆棺。带着两个皮囊包，把里面东西倒在一只粗碗里，是一种不黄不白的半流动体。

“这就三斤多，顶好的漆。”

他用几把很好玩的刷片蘸着这贵重的东西向棺板上直抹直涂，许是工夫超凡，看着非常熟练，几乎就同戏手法一样。想到我刷自己最得意的皮鞋时候的心情都不能如他。

漆也算是一种鬼蜮神秘的东西吧，看看不黄不白地抹上去，一霎时便成了黝黑的了。当时我曾想过，或许有些人的心，一碰到棺材板便也变黑了，虽然任何人都说人心是血肉的，赤红的。

不过这种更鬼气更神秘的事情大约是罕见的，因为我常常好幻想，又常常推翻了自己所幻想出来的结果。

这个漆父亲棺柩的老匠，他的手法熟练而又不停，看着看着漆就剩了碗底，但是他的兴致仿佛越发浓厚，如果他能一壁戏手法一壁哼吟些时调小曲，同时或者得着些泄兴之舒乐也未可知。

“漆棺底呢？”

“剩多剩少都才找补在棺底上，这是到处的规矩。”

从他说过这句话后，总是笑嘻嘻的，一直笑到收作，笑出我们的大门。因为有了吊丧的来，我没有送他。

我长跪着想：谁的眼也没有这漆匠的黑而且亮；吞漆那不是人会做的事，他的眼，许是聚了无数人们临终时刻的死光而来的吧？世界上恐怕唯有这种人才被人怕，并且在什么世界，有什么样子的魍魉魑魅也不会把他怎样的。我的最后的幻想是如此，虽则也打算把这次的幻想不久推翻，但除我不曾见过这种吸死光的漆匠就好了。父亲的死，给我无限的哀戚，死后给我见到的一切的周遭的影像，也可以说是又在哀戚以上了。

兔

家里素来冷清，有过猫和狗，可是肥的就悄悄地自己溜走，忠实的就被人家毒害。一天到晚没有什么声音。东房的钟摆，西房也是听得真真的。

这次回来，奇异家里竟添了一只白兔。他到处地跑着跳着，像是在这家里有着他的位置与职分而匆忙似的。仆人说父亲生前爱极了他，每天晚上，总是息在父亲的床洞里。

——一个人到了晚年，总要把他的精神找一个寄托的所在吧？我这样地想，就想起父亲晚年的生活的枯燥与单调了。

仆人说，这白兔可是他们自己养的。其实，我倒不以占有为占有，我想，这小动物反正是在我们家里生着，现在他也许觉得这里是比以前更冷清了；谁是他的所有者，那大约不是他能够计较的。

父亲死后，仆人说应当给他糊一只纸兔，颜色还要白的。我想了一会不曾开口。阔人们死了，他们家里就比他活着还热闹。给他糊汽车，糊楼房，糊姨太太，糊大烟枪……生怕他在那个世界里没有享用的。听说当先皇帝的死，那可更认真更阔绰了：纸的他不要，金子的石头的他也都不稀罕，他所要的是活的，真的。生前喜欢哪个大臣哪个妃子，死了就叫他们喝下水银跟他去。

穷人的死，原本就干净，可是听说也有生前拖车子，而他的后人仍旧想给他死后糊一辆车子的。这事情会引人发笑，可是里面委实有些辛酸。

倘使这世界远和那世界一样，坐汽车的仍然有他的汽车，拖骡拖马的仍然有他的骡马……那么生也罢，死也罢，生和死，岂不是都失却了他们的意义？

生死没有什么意义，我知道的只是父亲死了，白兔还生着，纸兔没有糊，如果糊起来又烧掉了，我不知道那只兔是生的还是死的。

深夜，听见父亲的房里常常有响音，一霎间的惊异，立刻就镇定了。父亲的魂灵，不会来返了；那活着的白兔，仍旧天天地回他的息身之处啊！

有时，我也照例地给父亲烧一些纸钱和锡箔，那只白兔总是红红的眼，望着熊熊的火焰，或者围着灰钵打几个转，像是看见了什么想起了什么而不胜神秘之感似的。

我也是神秘地在看着在想着，可是我想知道白兔他所看到与想到的神秘的事情。

一篇创作

我们家里有房子，房子上的瓦，布满了父亲的口沫；我自己也能混着吃饭穿衣，可是这饭和衣，不知就扰着染着自己的多少心血与泪珠。

父亲死了，这遗留下来的房子，被许多人们觊觎，然而谁也不曾看见那些房子上的瓦，布满着父亲的口沫，堆砌着父亲的劳力。

如今我已成了诸矢之的，我所吃的穿的，人家都说那是承受父亲的余荫，我的心血与泪珠，让他流去了吧，让他枯竭了吧，这些都不是能够渲染了人心的东西。

我们的房子，父亲的讲义，父亲的唾沫，父亲的劳力……渐渐地化为乌有了；不只这些，还连同他的肤发，尸骸……

我知道我自己现在还有血，还有泪；但我也知道有一日将与父亲走这条同样的命运的路径：一切同归于尽。

父亲生前到学校用的书包，还原封搁在他的房里，所有的父亲用的东西，也都统统锁在一起。

夜深了，白兔还在他房里动着；父亲的幽灵啊，去远了么？还留在里面呢？夜深了，他知道那以心血眼泪挣衣食的人之子：每每是在人睡已醒的当儿以黑墨涂白纸的鬼魅的工作么？

这又是一个深深的夜了，就伏在父亲的案头，查着父亲的历书……睁大着自己的两只涩眼，一字一句地写着，写的就是所谓讣闻后面要附的哀启。

我有诚恳，我有哀戚，但世人所要的是那个“哀启”，可不要真的诚恳与真的哀戚！

真的诚恳与哀戚，在我，恐怕终是写不出来的一张白纸，在人，那更是一张废了的白纸。

“创作”罢！天终于变亮了。

熄了灯，簇簇地写满了黑字的一篇创作，像是在灰白的光芒里诞生了。

我的脸，也是变得非常的苍色，脑中却仍在轮转地想……创作！创作！创作！我不知道多少个昨天是怎样地过去了！

如果这所谓“哀启”的东西同我每篇的创作一样，那么我希望在每篇的后面都允许我写“伏乞矜鉴”吧。

暗巷

回来以后，在家的日子少，去敲别人家的门环时候多。每逢敲到一处，我便不胜惶惶然地想，谁认识我呢？讣闻上是“孤哀子”，哀启上是那么多的“不孝”，名片上又是“棘人”。

门敲了半天，但开门来的又偏偏地问：

——谁？

我很少说出我的名字，我只回答：

——我。

声音是那么畏颤而低微，谁也听不出这“我”字是谁；开了门，他看见的是一个没有人认识的陌生的人。

我不懂得什么叫礼仪，尤其是对于陌生者的礼仪。我想到了我的孤独无依，我为什么那么轻狂！那么幼稚！为什么那样地去敲陌生人的门，进去了又向陌生人磕头作揖！

一家一家的大门又都为我而阖闭，我依旧孤独，我依旧无依。

多少个白日是这样地过去了，等到我沮丧地想要回来，一条一条的巷子又都昏暗了。

暗巷里看不见一个影子，自己的跫音追踪着自己；自己的心声，诅咒着自己的命运。

命运同我，悄悄地从这条暗巷走进了那条暗巷，走到家了。我的家是在一条深深的暗巷里。

一九三三年一月

一对石球

朋友，你从远远的地方来到我这里，你去了，你遗下了一对你所爱的石球，那是你在昆明湖畔买的。我想给你常寄去，你说就留它们放在这里。我希望你常想到石球，便也常常地记忆着我们。

记得你来的时候，你曾那样关怀地问：

“在这里，听说你同着你的妻。”

“是的，现在，我和她两个人。”

我诚实地回答你，可是我听了自己的答语却觉得有些奇异，从前，我是同你一个样的：跑东奔西，总是一个单身的汉子。现在，我说“我同她两个”——竟这样的自然而平易！

你来的那天白日，她便知道了她的寂寞的丈夫还有一个孤独的友人。直到夜晚，她才喘吁吁地携来了一床她新缝就的被子。

我不是为你们介绍着说：

“这就是我的朋友；这就是你适才所提到的人。”

当时我应该说：

“这朋友便像当初的我，现在做了这女人的男人；这女人，无量数的女人中我爱的一个，作了我的妻。”

那夜，她临走的时候我低低地问：

“一张床，我和朋友应当怎样息呢？”

“让他在外边，你靠里。”

我问清了里外，我又问她方向：

“在一边还是分两头？”

她笑了笑，仿佛笑我的蠢笨：

“没听说过——有朋自远方来，抵足而眠啊。”

我也笑了，笑这些男人们里的单身汉子。

朋友，你在我这里宿了一夜，两夜，三夜……我不知道那是偶然，是命定，还是我们彼此的心灵的安排？

有一次你似乎把我从梦呓中唤醒，我觉出了我的两颊还是津湿。我几次问你晨安，你总是说好，可是夜间我明明听见了你在床上辗转。

我们有一次吃了酒回来，你默默地没有言语。你说要给你的朋友写信，我却看见你在原稿纸上写了一行“灵魂的哀号”的题目。

你说你无端地来，无端地去；你说你带走了一些东西，也许还留下一些东西，你又说过去的终于过去……

朋友，我们无端的相聚，又无端的别离了。我不知道你所带走的是一些什么，也不知道你所留下的是一些什么。我现在重复着你的话，过去的终于过去了。

朋友，记忆着你的石球吧。还是把所谓“一对者”的忘掉了好。

——怀 BK 兄[1] 作

① BK 兄，即作家巴金。

北南西东

车上散记

去年春末我从北地到南方来，今年秋初又从上江到下江去。时序总是春夏秋冬地轮转着，生活却永远不改地做着四方行乞的勾当。憧憬着一切的未来都是一个梦，是美丽的也是渺茫的；追忆着一切的过往的那是一座坟墓，是寂灭了的却还埋藏着一堆骸骨。

我并不迷恋于骸骨，然而生活到了行乞不得的时候，我向往着每一个在我记忆里坟起的地方，发掘它，黯然地做了一个盗墓者。

正阳门站

生在南方，我不能把北平叫作我的故乡；如果叫她是第二故乡吧，但从来又不曾有过一个地方再像北平那样给我回忆，给我默念，给我思想的了。

年青的哥哥和妹妹死在那里，惨淡经营了二十多年，直到如今还没有一块葬身之地的我的父亲和母亲，留着一对棺柩，也还浮厝在那里的一个荒凉的寺院里。

我的心和身的家都在那里，虽然渐渐的渐渐的寂灭了，可是它们的骨骸也终于埋葬在那里。

当初无论到什么地方去，或从什么地方归来，一度一度尝着珍重道别时的苦趣，但还可以换得了一度一度的重逢问安时的笑脸。记得同是门外的一条胡同，归来时候怨它太长，临去时又恨它过短了。同是一个正阳门车站，诅咒它耸在眼前的是我，欣喜着踏近它的跟边的也是我……心情的矛盾真是无可奈何的，虽然明明知道正阳门车站仍然是正阳门车站：它是来者的一个止境，去者的一个起点。

去年离开那里的时候，默默地坐在车厢里，呆呆地望着那个站楼上的大钟。等着么？不是的，宕着么？也不是的；开车的铃声毕竟响了这一次，可真如同一个长期的渺茫的流配的宣告一样，心里凄惶地想：做过了我无数次希望的止境的站驿，如今又从这里首途了。一个人，满身的疾苦；一座城，到处的伤痍，恐怕真的是别易见难了。

我曾叫送行的弟弟给我买一瓶子酒来，他买了酒，又给我带了一包长春堂的避瘟散。我笑领了，说：

“这里只剩了你一个人了，珍重啊，要再造起我们的新的家来，等着重新欢聚吧？”

同时又暗自地想：

季候又近炎夏了，去的虽不是瘴疠之地，但也没有一处不是坎坷或隐埋着陷阱的所在。人间世上，不能脱出的，又还有什么方剂可以避免了唯其是在人间世上才有的那种“瘟”气呢？

车，缓缓地从车站里开出了，渐渐地渐渐地看见了荒地，看见了土屋，看见了天坛……看见正阳门的城楼已经远了；正阳门的城楼还在那两根高高的无线电台边慢慢地移转着。

转着，直到现在好像还在我的脑中转着，可是我的弟弟呢。生活的与精神的堕落，竟使他的音讯也像一块石头堕落在极深极深的大海里去了！

哪里是故乡？什么时候再得欢聚呢？到小店里去，买一两烧酒，三个铜板花生米，一包“大前门”香烟来吧。

凄凉夜

大好的河山被敌人的铁蹄践踏着，被炮火轰击着；有的已经改变了颜色，有的正用同胞们的尸骨去填垒沟壕，用血肉去涂拓沙场，去染红流水……

所谓近代式的立体的战争，于是连我们的任何一块天空也成了灾祸飞来的处所了。

就在这个风声鹤唳的时候，一列车的“三等”生灵，虽然并不晓得向何处去才能安顿自己，但也算侥幸的拾着一个逃亡的机会了。

辘辘的轮声，当作了那些为国难而牺牲的烈士们呜咽吧！这呜咽的声音，使我们这些醉生梦死的人们醒觉了。那为悲愤而流的泪，曾漩溢在我的眼眶里，那为惭怍而流的汗，也津津地把我的衬衣湿透了。

车向前进着，天渐渐黑暗起来了。偶然望到空间，已经全被乌云盖满了，整个的天，仿佛就要沉落了下来，列车也好像要走进一条深深的隧道里去。

是黑的一片！连天和地也分不出它们的限界了。

是黑的一团！似乎把这一列火车都胶着得不易动弹了。

不久，一道一道的闪光，像代表着一种最可怖的符号在远远的黑暗处发现了，极迅速的，只有一瞬的。这时我的什么意识也没有了，有一个意识，那便是天在迸裂着吧！

接着听见轰轰的声响，是车轮轧着轨道吧？是雷鸣吧？是大地怒吼了吧？

如一条倦惫了的巨龙似的，列车终于在天津总站停住了。这时才听见了窗外是一片杀杀的雨。

因为正在戒严的期间，没有什么上来的客人，也没有什么下去的客人。只有一排一排荷枪的兵士，从站台这边踱到那边，又从那边踱到这边。枪上的刺刀，在车窗上来来往往地闪着一道一道白色的光芒。

整个车站是寂静的，杀杀的雨声，仿佛把一切都已经征服了似的。车厢里的每个人，也都像惊骇了过后，抽噎了过后，有的渐渐打着瞌睡了。

车尽死沉沉地停着不动，雨已经小了。差不多是夜分的时候，连汽笛也没有响一下，车开了。

隔了很久很久，车上才有一两个人低低说话了，听不清楚说的什么。现在究竟什么时候，到了什么地方，也没有谁去提起。

自己也好像睡了，不知怎么听见谁说：

“到了杨柳青了。”

我猛省，我知道我已经离开我的乡土更远了。

这么一个动听的地名，不一会儿也就丢在背后去了。探首窗外，余零的雨星，打着我的热灼灼的脸，望着天，望着地，都是黑茫茫的。

夜是怎么这样的凄凉啊！想到走过去的那些路程，那里的夜，恐怕还更凄凉一些吧？

关上车窗，让杨柳青留在雨星子里去了。

旅伴

一个苦力泡了一壶茶，让前让后，让左让右，笑眯眯的，最后才端起杯子来自己喝一口。再喝的时候，仍然是这样地谦让一回。

我不想喝他的茶，我看见他的神色，像已经得到一种慰藉似的了。

一个绅士，一个学生，乃至一个衣服穿得稍稍整齐的人吧，他泡一壶茶，他不让旁人喝，自己也不像要喝的样子，端坐着，表示着他与人无关。那壶茶，恐怕正是他给予车役的一种恩惠吧。

其实谁也不会去讨他的茶喝，看见了他的神色，仿佛知道了人和人之间还有一条深深的沟渠隔着呢。

一个衣服褴褛的乡村女人，敞着怀喂小孩子奶吃。奶是那样的瘪瘦，身体恐怕没有一点点营养；我想那个孩子吸着的一定是他母亲的一点残余的血液，血液也是非常稀薄了的。

女人的头抬起来了，我看见了她的一副苍黄的脸，眼睛是枯涩的，呆呆地望着从窗外飞过去的土丘和莽原……

汽笛响了，孩子从睡中醒了；同时这个做母亲的也好像从什么梦境里醒觉了。把孩子抱了起来，让他立在她的膝盖上。

孩子的眼睛望着我，我的眼睛也望着孩子的。

“喂！叫大叔啊！”女人的眼睛也望了我和孩子。

孩子的脸，反转过去望他的母亲了。

“叫你叫大叔哩。”母亲的脸，被笑扯动了。

孩子的腿，在他母亲的膝盖上不住欢跃着，神秘地看了我一眼，又把脸转过去了。

“认生吧？”

“不，大叔跟你说话哩。”

笑着，一个大的，一个小的脸，偎在一起了。

车再停的时候，她们下去了。

在这么短短的两站之间，孩子的心中或许印着那么一个“大叔”的影子；在这么长长的一条旅途上，陌生人们的眼里还依旧是陌生的人们吧。

红酒

傍晚，车停在一个站里等着错车，过了一刻，另一列车来了。起初很快，慢慢地就停在对面了。

这边的车窗正好对着那边的车窗，但那边车窗是被锦绣的幌子遮住一半。就在这一半的窗子之下，我看见了一个小小的台子，台子上放着一个黄绫罩子的宫灯，灯下映着明晃晃的刀叉，胡椒盐白瓶子，多边的盘子……还有一个高脚杯子，杯子里满盛着红色的酒液。

看见一只毛茸茸的手把杯子举了一下，红色的杯子变成白色的了。

看见两只毛茸茸的手，割切着盘子里面的鱼和肉，一会儿盘子里狼藉得只剩下碎骨和乱刺了。

看见高脚杯里又红满了……

又是一只毛茸茸的手伸出来了……

那边的人，怕已醺醺然了，可是这只毛茸茸的手，仿佛从我心里攫夺了什么东西去的，我的心，觉得有些痉挛起来。

——红酒里面，是不是浸着我们的一些血汗呢？
大地被压轧着响了，对面的列车又开始前进了。

一九三四年作

夜

隔了一个夏天我又回到南京来，现在我是度着南京的第二个夏天。

当初在外边，逢到夏天便怀想到父亲的病，在这样的季候，常常唤起了我的忧郁和不安。

如今还是在外边，怀想却成了一块空白。夏天到来了，父亲的脸，父亲的肉，父亲的白白的胡须，怕在棺木里也会渐朽渐尽了吧？是在这样的季候了。

和弟弟分别的时候说：

“和父亲同年的一般人差不多都死光了，现在剩下的只有我们这一辈。”

一年一年地度了过去，我不晓得我的心是更寂寞了下去还是更宁静下去了。往昔我好像一匹驿马，从东到西；南一趟北一趟，长久地喘息着奔驰。如今不知怎么，拖到哪个站驿便是哪个站驿，而且我是这样需要休息，到了吧，到了那个站驿我便想驻留下来；就在这一个站驿里，永远使我休息。

这次回到南京来，我是再也不想动弹了。因为没有安适驻留的地方，索性就蹲在像槽一般大的妻的家里。我原想在这里闭两天的气，哪知道一个别了很久的老友又来临了。

这个槽，只有这样大，他也只得占一张小小的行军床为他的领地。

在夏夜，我常常是失眠的，每夜油灯捻小了过后，他们便都安然地就睡；灯不久也疲惫了似的自己熄灭了。

我烦躁，我倾耳，我怎么也听不见一点声音，夜是这样的黑暗而沉寂，我委实不知道我竟歇在哪里。

莫名的烦躁，引起了我身上莫名的刺痒，莫名的刺痒，又引起了我的心上莫名的烦躁。

我决心地划了一支火柴，是要把这夜的黑暗与沉寂一同撕开。

在刹那的光亮里，我看见那古旧了的板壁下面睡着我的老友，我的身边睡着我的妻。白的褥单上面，一颗一颗梨子子大的“南京虫”却在匆忙地奔驰。

火柴熄了，夜还是回到他的黑暗与沉寂。

吸血的东西在暗处。

朋友不时地短短地梦呓着。

妻也不时地短短地梦呓着。

我问他们，他们都没有答语。我恐怖地想：睡在这一个屋里的没有朋友也没有妻，他们只是两具人形，而且还像是被幽灵伏罩住的。

夜就是幽灵的。

我还是听不见什么声音，倘使蚊香的香灰落在盘里有声，那是被我听见的了。

我还是看不见什么东西，如果那一点点蚊香的红火头就是我看见的，那毋宁说是他还在看着我们三个吧。

不知怎么，蚊香的火头，我看见两个了；幽灵像是携了我的手，我不知怎么就到了第二天的早晨。

第二天的早晨我等他们都醒了便问：

“昨天夜里你们做了什么梦？”

“没有。”笑嘻嘻的，都不记得了。“昨夜我不知怎么看见蚊香盘里两个红火头。”我带着昨夜的神秘来问。

“那是你的错觉。”朋友连我看见的也不承认了。

……

“多少年了，像老朋友这样的朋友却没有增加起来过。”

朋友不知怎么忽地想起了这样一句话说。

我沉默着。想起这次和弟弟分别时候的话来，又想补足了说：“我们这一辈的也已经看着看着凋零了。”

这里的家

在北国，一个破落了下去的家，怕等不到我的再度归去，便已经转换了旁人的姓氏。家，渐埋渐深地埋在了我的记忆里。

一个家，远远地建筑在我的过往的希望里。希望早已经死去，也不曾留下一片可以属于我的文契。

家，剩了碎砖瓦砾，零散地铺盖着我的荒芜了的心地。

如今，我用了我的手；我的仅有的血力在我的残余的生命途际，把一个家室安在这里。家，毕竟现实地放在我的眼前了；可是，我望着他，他只是木架土砌，一个空空洞洞的体积。

这里，有高高的白墙，他圈隔着天和地。

这里，有重重的门，钉钉的，漆黑的，像一个古代的庙宇，像一个人间的牢狱。

这里，有壮壮的柱梁，挂满了灰尘，像一座幽灵的殿堂。

这里，有的是惨惨的阴光，映照着我的幻想。有的是森森的鬼气，供给我这渺小人的呼吸。

在这里，于是没有天和地；在这里，我是人家放生而来的犬鸡……从森森的鬼气里我好像听见什么幽灵的呻吟和叹息，从惨淡的光芒里我似乎看见了壁上印着许许多多血迹，那都是带着我的十个指纹的血迹。

我一点也不相信，现实了的家就在这里！

家么！让他破落，让他倒坏，让他永远地死去。我只愿寄足于四海。

凤子进城

才是黄昏的时刻，因为房子深邃，已经显得非常黑暗了。对面立着一个小女孩子，看不清她的相貌，只觉得她的身材比八仙桌子高不了许多。

嫌房子黑，也想看一看这个小人。

“会擦洋灯罩子吗？”我指了一指那盏放在桌子当中的美孚行的红洋油灯。迟疑，没有回答。连自己想着也怕麻烦，便划了一根火柴把它点着了。

骤然的光亮，使她的眼睛感着一种苦涩的刺激似的。

“我们乡里下不点灯，天黑了就上床睡觉了。”边说着边不停地眨着眼。话的声调很清楚，样子是伶俐的。

看见她有一张薄薄的嘴，扁扁的鼻子，细小的眼睛，一根黄黄的短辫子，拖着的是一副灰白的脸。

想到刚才介绍人说的她的年龄，不大相信起来了。

“看你只有十一二岁，别瞒人。”

“十六，真的是十六，我属羊子的。”

“属羊子的十六——”

她急忙点着头，自己接连着说：

“我大姐二十四，我二哥十九，我小哥十八，我，我十六，小毛子十四，小丫头十一，春子——春子九岁……”

知道她也许真的是十六岁了，想——乡村里的孩子是这样地长大不起来啊！一群一群没有营养的小孩子的面庞，无数只的瘦小的手，像是在眼前陈列了起来，伸举起来了。

“春子是顶小的了。”想止住了她的话，免得她再计算再背。

她摇了一摇头，随着搬起左手的小指和无名指说：

“还有两个，一个吃着奶，一个才会走。”

“你们家里的人可真不少了。”

“还送掉两个给人哩。小毛子给人家做养媳，他们家里穷，也在家里。”

“对了，还没有问你叫什么名字哩。”

“我叫凤子。”

听到这个好名字，却想到了许多不幸的小孩子们的名字了。她们叫金宝，她们叫银子，她们叫小喜子，叫小红儿……可是她们是贫贱的、褴褛的、饥饿的，她们毫无生气地在茅草棚里、在土坯洞里活着，像没有在地上映过一个影子似的那么寂寞，那么短促地又离散了又死亡了。不知怎么，这个初进城的凤子，带来了一种时代的忧郁的气氛，仿佛把这一间房子罩得更阴沉了一些似的了。晚饭的时候，让凤子也坐在一旁吃。拨了一碟腌菜，和空了一半的咸蛋。她吃得不住口，说也不住口：

“我们乡里下的菜可没有这多油，一酒杯要炒一大锅，蛋是谁也舍不得吃，两个半铜板一个，拿去换盐换米，他们一贩到城里就卖六七个铜板了。我们有七只鸭，天天放到河里，有了歹人，偷一只，偷一只，偷一只，后来都偷光了。”放下了碗筷，拿手比着势子，说挺肥挺大的。她爹也想出来了，乡下的日子过不了。

问她爹会做什么，凤子说顶有力气，会烧大锅的饭。……

“我进城来爹爹送了我很远很远，他说他长了这么大还没有进过城，倒是我能来了。他又回去了……真的，他顶有力气，他会烧大锅的饭。”

她停顿着，像在探试着她的推荐有没有效果似的。

谁能告诉她的爹的力气有什么用处呢？城里头就是有千万个烧大锅饭人的地方，饥饿的乡里人怕也只是徒然望着他家里的那个张着大嘴的空大锅叹息吧？

吃罢饭，凤子到老虎灶冲水去了，去了很久，她的介绍人又来了。笑着，是一个狡猾的有油的家伙。他把凤子带走了。

后院的陈妈说刚才老虎灶上有人拖凤子的辫子，摸她的脸。

“外边尽是歹人！”是她的结语。

凤子进城了，怕又到了城的另一隅了。城像一个张着口的大锅，恐怕不用油，也能炒熟了许多许多东西的吧。

第四辑

狼烟处处

——在轰炸中行进

旅黔初记

我来到这么一个名字叫“贵”的省份，时间很短，还没有知道这里究竟以什么而贵，或者一直可以贵下去。翻到一本小字汇上的“黔”字，注着除了当黑色的解释之外，就是这个省份的别称。但我仍旧不能明白贵与黑色到底有什么关系。有一次我曾大胆地请教过一个本省人，他的回答颇使我惊异，并且使我对于他的率直的态度起了无限的敬佩。

他说：“贵州——原是鬼方。”

我的阅历浅，又不肯多读书，所以对于我们自己的这个地大物博的国家版图，也不能了若指掌，多少有些茫然兴叹。史地的书籍上记载着历代盛衰的事迹和疆土的范围，一串煊赫的武功，令人怀想着那广大的边陲，所谓边陲，就不免引起了遥远的、荒凉的、无人烟的景象来了。

记得这里最初给我的一个印象，是由于唐朝的柳宗元先生，不过我认为那是无稽的，他有一篇文章，起首的两句是：

“黔无驴，有好事者，载以舟往……”

这匹外来的驴子，初初颇有一些锋头，居然吓退了山中的老虎，因为只是会踢会喊到底还不够，结果仍是被老虎吃掉。这篇文章的内容，大概就是这么一回事情。以后留下了一个典故常常被人套用着：黔驴技穷。

柳先生所写的好事者，也许就是世上好事者中间之一，不过驴子究竟是驴子，它能负重，高起兴来它要喊叫几声，表示抵抗它会踢上几踢，它的性能天生如此，而且天下的驴子也莫不如此。倘如撇弃了它的负重的能力不问，偏偏拿它踢喊的作用打趣，那就很难禁止人们不说不吹毛求疵的话了。

贵州也许没有驴子，也许根本没有人用船把驴子运来过，根本就没有这么一回事。柳宗元写了这篇文章，从这篇文章看起来，他倒好像是一个好事者了。

所以，我为驴子冤枉，尤其为不提它的负重的能力不平！同时我也为了贵州这个地方最初所给我的印象而抱起屈来。

因为黔之驴的作者，我特意去读韩愈先生给他作的墓志铭，盖棺论定，当然可靠。其中有一段我想引来：

> 其召至京师而复为刺史也，刘梦得——禹锡，亦在遣中，当指播州。子厚泣曰："播州非人所居，而梦得亲在堂，吾不忍梦得之穷，无辞以白其大人，且万无母子俱往理。"请于朝，将拜疏，愿以柳易播，虽重得罪，死无恨……

当初的播州，就是现今贵州境内的遵义县治，柳宗元先生为了对于朋友的纯挚的节义感，宁愿将自己较好的所在，去替换那个荒芜的地方，像这种"好事者"的风度，却不能不使人肃然起敬了。

姑不论黔地有否外来的驴子的故事，我想，柳宗元先生至少也会向往过贵州，虽然贵州在当初是他认为的，也是他为别人设想到的一个不是可以住留的地方。

以后到了明朝，王阳明先生被谪为龙场驿丞的时候，我想这个地方大概还不会叫作贵州。读到他的瘗旅文，谁也会想到这里是怎样凄凉而荒漠的！

王阳明先生在蜈蚣坡下掘了三个坎，把那三个过路者的尸骨瘗埋了，他唱了一个挽歌：

> ……道旁之冢累累兮，多中土之流离兮，相与呼啸而徘徊兮，餐风饮露，无尔饥兮；朝友麋鹿，暮猿与栖兮，尔安尔居兮，无为厉于兹墟兮！

虽然是安慰着死者，其实也是在哀悼他自己。他说得很明白：“吾……犹彼也。”“尔既已无知，然吾何以为心乎！”

唐，明，距离现在已经是很久远的了，我并不一定抓牢这些死去的印记不放，不停的时代之流，常常冲淡了一些旧的东西，又常常映现出一些新的东西。

不是为五斗米，不是为餐风饮露，也不想和麋鹿做朋友或是跟猴子同住，更没有做厉的可能，失掉了家乡，失掉了归依，随着一批一批不愿意做顺民，不愿意做奴隶的人们，跋涉了不知多少被 ×× 蹂躏过的土地，悒郁的山川，我踏进了今日的贵州的省境。

怀着愤怒与仇恨，算是脱出了 × 人的毒爪；然而更羞惭的是背弃了父母祖宗的陵丘于不顾！噙着眼泪，也不忍说一声“多中土之流离！

三户可以亡秦！何况我们的国土还留着不止一个堪察加！

我不再返顾地向前瞻望了。

省界处立着一座纪念碑，同伴们首先指告着我：在那上面刻着从某年某月某日起，至某年某月某日止，为开路而殉身的职工计若干名，那一段路，正是我们刚才所经由而来的。

所有的我们的光荣前代的姓氏，谁能不低首默认：应该都是属于那些付出了血汗与生命而牺牲的人们的！

我不得不回了一次头，用我的眼睛正视着它，投着我的敬礼。越过了省界的车，开始颠摆起来了。

像无数海浪似的山，涌满了整个的大陆。马达不停地吼着，车轮不时地跳着，一个好像怨诉着它的艰辛，一个仿佛在向着谁负气。

高原上真是地无三尺平吗？看不见日影，苍茫中在一个山城附近的旅店里歇下了。气候异常寒冷，新逢遇的人们，几乎都用一条长长的布带包缠着头。

从小窗向外望，所有的山，全被云带围绕着，只露出一两个小小的峰顶。我想山也是为寒冷而畏缩着。

第二天黎明，旅店里没有一点动静，我好像等候着什么似的睁着眼。

——不要早起了，睡吧，今天路滑不能走。

司机生挨户传着话，把我的等候揭破了。

窗外的山峰一个也不见了，无边的云雾，给高原蒙上一件睡衾。

没有雨丝，也没有雨声，偶尔听见门外传过来的嚓嚓的脚步声响，想到路上已经淤了多少泞泥了。

第三天仍是阴霾的，我们买了顶粗的绳索和草垫，准备克服泞泥，继续向山顶那边的山岭深进。

马达不改它的怒吼，车轮不改它的跳跃，人却是愈加振奋地在憧憬着即将到达的新地。

宁静的省会，在晚间八点钟便仿佛已经就寝了。下了车，我一直去访问一个先来的友人。生疏的道路虽然使我异常谨慎，但仍旧成了一个梦行者似的在黑暗里摸索着，在忽高忽低的小巷里跌跌冲冲的不知怎么才能迈开自己的步子。

“什么人！什么人！站住！”

突然听见这种粗横的声音对我而来，简直莫名其妙。

由他们手里的灯光，照出了他们一张一张黑瘦的面庞，我晓得大约是属于巡查者之流。

“我是才到这里找人的。”我的回答表明着我正想入境问俗的意思。

“什么人！”巡查者大概把我当作了一头小毛驴子，再问的是指着我所要找的那个人。

“是 ××× 的一个 × 长。”

“噢——”

我生怕会被吃掉，我随着那尾音又文绉绉地说：

“请原谅我，我是初到这里的。”

“哼，当心点！黑夜里不准乱走。”

对话完结，我继续摸索。

——好个八点钟的黑夜！这是多么森严多么可怕的黑夜！我记得我心里涌出这样的句子——第一次把这样的句子写在我应该诅咒的事情里去。

对于黔之夜，我害怕梦寐也都难安了。

幸喜早晨醒来，渐渐的把昨天那个黔色的夜景忘在一边了。漫天的大雾，使我欣欣然地以为这就是朝气的前趋。

只是计算了一下，我在这四天之内，还始终没有看见一线的阳光。

一个同伴说得巧："又不是下雨，地上总像水磨年糕那么滑，索性下大些也好，雨点仿佛在空中磨了又磨，用细筛子筛过了才肯慢慢地洒下来。"

难怪的他不知道这里是天无三日晴吧。

在这一天里，我不敢再去摸索了，我曾向一个长者问路。我很恭敬，长者却非常镇定，我把我要去的路名说得非常清白，长者却将他的脑袋摇个不住，我无可奈何地只好求助于街旁的车夫，于是长者这时才给了我指示：

"顶好，你坐了车，他就可以把你拉去。"

我所恭敬的长者，毕竟是比我见识的多。

连弯也没有拐过一个以上，车停住说到了。车夫接受了我认为不算公平的代价，却好的他并不再争执。

没有什么要公地来到此地，我的头脑还能镇定了下来，想了一想这些新颖的逢遇。

倘如因为"腰无三分银"的缘故，才使得"人无三分情"，确是一件可哀怜的事；倘如因为人无三分情而使得腰无三分银，这就是一个颇值得思考的问题了。

但我还不能够清楚它们的因果到底是依着怎么样的一种规律。

我所听到的四句谚语：

天无三日晴，
地无三尺平。
人无三分情，

腰无三分银。

莫非就是说明了这个地方的自然环境与经济情况的摘由吗？我不愿意相信这四句谚语！虽然有了片片的客观事实记在这里，我所相信的只有一个字，——也许太主观了——确定了或转移了一切的是“力”！没有这个“力”字，我恐怕那四句谚语里的四个“三”字还会慢慢缩减了下去的。

最近有一个很有名望的人回到他这个别了二十年的故乡，对着热烈欢迎他的人们说：“贵州年来是进步了，但还不够；比如别省的人一分钟可以砌三块砖，贵州人三分钟才砌一块砖……”

我想这个有名望的人对于他的故乡的爱，和我们对于这个抗战根据地所抱的希望，是具有着同一样的热忱的。

记得前几年陈衡哲女士给某一省开过一张急诊的药方：“太阳灯若干盏，鱼肝油多少加仑……”多少引起了不良的反应，我是一个久病的人，我并不信“医者意也”的那种玄乎其玄的话。我得不死，全凭了我能坚定把持着一股求生的力，与任何事物相颉颃的力——是人的力，心的力。

今日的和明日的贵州，需要更多的力，需要发挥起来每一个人的力。

我以为无须甘草，驴背为引，倒是不可缺少的。

遥想省界上的纪念碑，默念着柳先生、王先生，我应当搁下笔，虔诚地为那些开路者、好事者，致着我的敬礼了。

轰炸下

电笛，气哨，钟声，长短的哀鸣起来了。

警报!

在父母亲的大地上，静静伏着处女般的城市、乡村镇落……如一群一群的幼雏没有那么广阔的翅膀可以把他们掩护起来。

望望无垠的天空，那残酷的荒鹫，会从任何的一个方向飞来的。

说渺茫，也只有一刹那，无数的黑的星点，乱舞在每一个生命的周围了。

一万个鼓，在霹雳的声响里打着……

电笛，气哨，钟声，喘过一口长气，又呼叫起来了。可是有许多生灵就不再听见它。

解除警报。

二十个月以来，我几乎每天看见，听见，而且常常不忘记对死亡说声再会。不久以前，我还作了它一个极近的邻人，差不多和它握手了，可是从弹穴和弹穴之间隙跨越出来了之后，我依然可以用我的眼睛继续看，用我的耳朵继续听，用我的手，把那些看见的、听到的记载下来。

并且，我的心更热地焙炼着一个信仰：为我们民族的解放与自由，为我们民族的光荣与生存，我们唯有忍受一切艰辛，对正那压迫我们、侵略我们的敌人以永不屈服的抗战！把血肉和泪汗捣成膏脂，燃炽了这把爝火，它将照耀着我们前进，一直冲过了黎明前期的黑暗。

愿意牺牲自己，贡献于神圣真理祭坛之上的人们，记得古代殉道者的对话么?

“往何处去？”

“罗马。”

彼得死在罗马，彼得却永生在全人类的心灵中。

即景

残暴的 × 人，不断地来到我们的领空轰炸，据统计已经有过几千次警报，几千架飞机，投过几万颗炸弹，在我们繁荣的城市、偏僻的乡村和任何一个角落，播下了万万个仇恨的种子。但据我所知他们并没有得到什么收获，收获应该是属于他们的，有一天，仇恨的种子都结了实，我们应该整个的还敬给他们。

在火药气氛中的春天、夏天……白日、夜晚，四时的朝朝暮暮，我们阅历了一些景色，人说走马看花是美中不足，我觉得在轰炸的旅行中倒也不无所得。

想起了米莱的《拾穗者》，想起了他留下的一幅一幅纯真的名贵的图画，可惜我不谙丹青，绘事和我无缘，如今只想着就着自己的视角，拾一些风物，聊供画家作为资料，乱给大好的河山点景吧。

拾穗者必须躬着他的腰，我似乎应该首先沉下自己的气，每个书面没有我，虽然我常常自居一个拾穗者的位置。

其一　泼墨

人类中有无数的纯白的心灵朝着一个方向：为自由、平等、博爱而互存互荣。于是在这个世界上才露出了光明的一面，然而一双侵略者的魔手伸来，也能够遮暗了一些地方，使无数纯白的心灵蒙上黑色的斑点了。

黑色常是一个死的征候，同时也正是一个相与搏斗的对象。

如今的光明正蒙着难！

炼瓦已经洗尽了胭脂，

粉壁已经涂上了煤烟，

大理石毁弃了它的光泽。

……

一条条的大街和小巷，都缠了黑纱，为着光明服着丧。到处是冷清清的，到处都好像用生铁铸成的。

看见了这样庄严的容色，谁也知道我们对于光明是有着怎样的一种节思了。

用泼墨法汇成了一幅“山雨欲来风满楼”图的伟大作家，他更知道破晓以前的天空是用什么颜色调配的。

其二　旗

四行仓库顶层的旗，台儿庄城头的旗，庐山上的旗，永远飘扬在万万个人的心目中。

青天白日满地红，代表着我们万万人的希望与灵魂。

在几乎是一片废墟的 ×× 城里，我曾注意着有几处的旗杆并没有折毁，折毁的马上又竖了起来。

每当号声吹响的时候，车马和人都停了脚步肃立了。

从瓦砾，从焦土中升起来的国旗，格外显得美丽了！青天白日满地红，象征着伟大与光明与鲜血——永不穷尽！

其三　钟

乾隆年间的嘉靖年间的……乃至洪武年间的各种各样形式不同、经历不同的古钟，如今一个一个离开了颓老了的庙堂，走到十字街头或是走上了东西南北的城楼，有的挂在梯式的四角架上，有的拴在一棵树干的顶头。

没有谁还怜惜它们再受风吹雨打日晒，虽然有的也被一些松枝树叶掩护着。

张王氏、李赵氏……数不清的芳名，还一列一列的凸排在钟面上。这些先代的信士们，如今都站在民族的阵线，做起警视的前哨了。

其四　灿烂夜

彗星群在夜深时出现了，扫着天空，使万千个小星离开了他们的座位，失掉了他们的颜色。

金红的线，银白的线，交织在彗星群的中间，像万千个小星迸击着，陨落着……

天的一方仿佛向远海启碇了，地上的人们在狂热地送行，为他掷着极长的彩带和无数的花朵。

没有人愿意想到今夜的兴致是放了许多东洋烟火所引起来的。

夜是灿烂而壮丽！

我们正以钢铁的火网，扑杀这些人类的鸱枭。

其五　披星戴月

警报唤我早起了，天还没有亮，走出大门，黑憧憧的人影，仿佛在笔洗里游移着，一弯月，几点星，正挂在西方的天际。

××的偷袭，叫我拾得晨星的眼食：披星戴月，我还饱尝到一股清凉大地的香气。

复兴了的土耳其的旗帜，高高的揭挂在天际，那也是一种启示。

其六　章鱼

络绎的人，分向四郊疏散，城像一个章鱼，它的几条肉足无限地伸展着。

等到它的肉足再度蜷缩回头的时候，显着困惫并且有些痉挛的模样了。

它也许已经伤坏了一双眼，或者暴露出一块零碎的腑脏。那是刚才被海上的凶禽所啄破了的。

其七　白杨

《西线平静无事》里，写过一个一个死人的坑穴，曾作为战士们隐身的所在。死去的再作一度牺牲，给生者留下一个幸免的地方。

那些附郭的地方：坟墓垒垒的土坡，石碑错落的洼处，白杨树下，凡是埋着骨骸的地方，多也卧伏着活的人们，如果能和地下人耳语的时候，会说："可以让出一个生坟么？"

萧萧的白杨，是不是代答着殊途同归的怨语呢？

其八　一瞥

一群的市民跑过狭巷，原来立门口的狗也被挤翻了身，它不喊叫，摇摇尾晃晃腰，也跟着人群同一个方向跑去。

戴着航空帽的小学生，怀里抱着一匹猫。

女孩子吃力地捧着一个木盆，盆里面放着母鸡和几只黄嘴的乳鸭。

牵着、抱着、拉着……都是到岩洞里避难去。

在一瞥中也能看出生命并不是一个可以赶尽杀绝的东西了。

光明的手

矗立在城垣内外的一座山，山底下有一个极深的岩洞，因为距市区很近，每逢空袭的时候，来此地避难的也最多。可是洞口非常矮小，三五个人想并肩进去是不可能的。警报发出之后，无数的人们堵塞在洞口，形成了一片最凄惨最杂乱的景象。

多少人用顶粗的喉咙喊着："向前走呀！向前走呀！后边还有千多人没进来！"

前边的人又带着哭声叫着：

"不要挤呀！不要挤呀！前边满满的，什么也看不见。"

深邃的岩洞，愈向里面愈是黑暗，想必很多人们在裹足不前了。

谁都希望生命有安全感，但如果安全和那黑暗的地方同在，那么宁可放弃了安全，也不愿意去忍受黑暗，这大约是人们一种可怜的通性。

过了一个相当时刻，人们渐渐能够使他的脚步移动了，回头也看不出刚才进来的那个洞口，想着那些避难的都已经向洞里输送尽了。

前面，那更深更深处，那更黑暗的地方，荧荧的闪着一点亮光。

我的胸，贴着前人的背，我的背，又贴着后人的胸——还觉得有些手，紧紧地揪着我的衣衫——慢慢地我达到那一点亮光的前面。

这时候我才模糊地看见，竟有这么多的堡垒，这么多的凹凸面，每一面都润色着一小片黄黄的光彩，分别出那就是有着耳鼻口眼的一张一张人的脸。

亮光的核心，立着一个中年的异邦的妇女，她手里举着一个马灯。

轰——轰——的巨声，从洞外播送进来。残暴的屠杀开始了。

每个人的眼，这时全都定集在这个灯亮上。

灯还是毫不移动地高举着。

我不要知道这个妇人的姓氏，我认识她是我们死难中的一个共同的友人。

没有一次不在岩洞里看见她，看见那光亮核心的一个灯，一双手，从不懈怠地举着的那一个灯。

越过了死线，集到这个安全的福地，在最黑暗的地方，还给它射穿了一个透亮的眼。

憧憬光明的眼，该为这个光明的手而感泣了。

火

二十七年[1]十二月二十九日下午，在桂林，我看见了我以为就是彭贝末日的那么一种大火。

半晴的天，已经全瞑了，顶强烈的风，倒仿佛没有什么动展，整个的空间被黑的烟、白的烟盖得满满的，她们好像完全凝冻在一团了。

整个的地面上，飞腾着几万条凶猛的毒蛇，一齐吐着它们那贪婪无厌的血红的舌头，一齐向空中舔着，在舔着那臃肿的冻瘤；又互相地交舔着，似乎缺少了唾液般的焦渴着。

我不大相信，从来不会把它作过形容词句的几个字，立刻从我胸腔迸出口来：火啊真是海一样的火。

漂在这火海上的，是一列列的艨艟巨船，可是一霎间便化作放射银色光芒的火架，冲飞不见了。

炼狱在我的眼边！

今年二月四日在贵阳，允许我再啮着心说，我又看见了火的山…………

所谓"万世一系"，统治者在三宅阪卵翼之下，在几千里外的彼岸，可以望见了这里的火山火海么？

看看我们这些不设防的城市，一处一处成了废墟，成了焦土，一度火的海，一度火的山。想到上野不忍池的水，水当为我们呜咽；浅草的埋骨堂，堂下的幽灵当为我们饮泣了。

因为我们都是无辜的，我们遭受了不同的杀戮或焚烧，而是同样的一个

① 民国二十七年，即公元1938年。

毁灭。

住在地震之国的人们，听见我们活在焦土之上的还有不断的争取再生的呼声吗？

血印

一阵疯狂的轰炸，像百十座火山一齐迸裂了；整个大地接连不断地咆哮着……

城里面多少条火蛇，正仿佛从那些火山的喷口里伸吐出来。

警报很久还不解除。

城外边是满坑满谷的人，都眼巴巴地望着他们的家、他们的产业、他们的没有逃出来的同胞和骨肉……断送在这个无法扑灭无法援救的火城里。

一个集团凭吊着另一个集团，这是多么凄惨多么庄严的葬仪啊！

在满坑满谷的人群里，其实也有着不少遇难的，可是还没有人来过问。

惊弓之鸟，慢慢地各自分散了，痛定思痛的心，梗坠在每一个胸腔里。

小道旁边的一间茅屋底下，躺着一个蜷成一团的妇人，一动也不动。

过路的连停也不停一步，只是感叹着说：

“这里又是一个——死了吧？”

我听见这句话也伤感，同时超越了伤感，我还知道仇恨和愤怒和羞耻！

一个人的死，便算脱离了世界的这件事，我不能相信！我不甘心死！我不甘心这样的死！因为我的仇恨和愤怒和羞耻，不会跟我同归埋没，它们也绝不会允许我死！

我如同追寻我的心灵之门钥似的走到这个妇人的近边，她依然是一动也不动，她似乎已经失掉了一切的感觉，我弯下身子才听见她还有极微弱的呼吸。

“救救……命。”微弱的声音恐怕连她自己也听不清楚。

从受伤到现在，至少已经过了两小时，这呻吟的声音虽然是微弱的，但谁晓得她已经呻吟过多少百次呢?

我立时离开了她，奔向大路方面去，我的眼睛饥渴般的扫射着每一个人，要找到一个同我一样饥渴般的想去救伤的人。

没有结果，我自己倒好像成了一个要被救的人，好容易才在路中拦住了一部有红十字标志的汽车。

“请停一下，那边还有一个！”我高声喊着。

车上跳下一个可敬爱的童子军，我们不说一句话，他随着我跑回茅屋底下来。

没有担架，用了我们四只手臂，把这个受伤的人抱持起来了，——我想着她一定更痛楚，第一次掂量出了我自己的气力，勉强也可以胜任，这委实是一件使我颇为诧异的事。

最吃力的是将她高捧着放在车厢里去，那时她的身子几乎倒悬着，她不呻吟，轻轻地说：

“唉——我的肚子——肚子炸破了吧！”

我才觉得轻松了一口气，又被一块沉重的石头压住了。

车，开去了，我默默地为那个人，同那一辆车，一起祝福着。

当晚就寝的时候，发现了我的衣服上有一大片殷红的血迹，掌按着它，仿佛还有一点潮气。

是那个妇人的创口处流出的，是那个不知名的，不知是否已经得救，还活在这个世界上的人所流出的血!

我极度地痛苦着，我想那些血，即是当时我所流出的也不会比这个更痛苦。

血，给我的衣服，给我的心，打上了一个不能泯灭的印记。……

天样的仇恨

警报解除不久，第二次警报又响了，并且接连着就是紧急报警。隔了半天敌机没有来，于是又解除了。

走出避难的岩洞，重新看见菜园、茅屋……重新看见了天，好像看见了别离已久的一些顶亲昵的人们。

不远的那边有一群人，一点也不喧哗地围作一个圈子好像一簇蚂蚁交头接耳地绕着一滴糖水。

——放下你的鞭子，街头剧的演出吧？我寻思着。

围着的人，不作一声地渐渐散开了。一个老婆婆躺在半扇门板上，旁边僵立着个拐杖。这张蜡黄色的脸，对于我并不陌生，我认识的！她的呼吸已经停止了。

不多几步的前边，又有一圈人。我不再去探视了，我知道也并不是一滴糖水，而是另一个没有了呼吸的尸身。

“有的抬进医院里去了。”路边的小贩还谈说着，寄托着他们的希望。

这一天，没有谁流一滴血，没有谁呐喊一声，两个老人，和四五个兜在母亲背后的孩子，在两次警报当中，被一股狂奔的人潮冲倒，被挤落的，被踩踏的，被窒息的，丧失了他们的生命。谁会听见爹娘哭他的儿女？儿女又哭他的爹娘？

仰望着晴空，我感到无限的愤怒，无限的羞辱！荒鹫没有来，但是它是毒爪，好像已经凌迟地把天撕成不可弥补的裂痕了。

是天一样的仇恨，覆罩着我的心胸，这仇恨是永远也不能解除的！

连那根拐杖上，连那条松落下来的背带上，也会刻深了这种仇恨，织满了这种仇恨。

废墟上

不久以前敌人飞来过，不久以后又飞去了。在短短的时刻之间，凭空给这个不大的城市里留下了一大片颇为广阔的灾区。

几面粉白的残壁，近的远的，像低沉的云朵遮住眼界。焦黑的椽柱，枒槎交错着，折毁的电杆，还把它带着瓷瓶的肩背倾垂着，兀自孤立的危墙，仿佛是这片灾区里的唯一的表率者。

看不出一点巷里的痕迹，也想不出有多少家屋曾比栉为邻地占着这块广阔的地方。

踏着瓦砾，我知道在踏着比这瓦砾更多的更破碎的人们的心。

一匹狗，默然地伏在瓦砾上，从瓦砾的缝隙，依稀露着被烧毁了的门槛的木块。

狗伏着，他的鼻端紧靠着地。他嗅着它，或是嗅着他所熟嗅的气息，或是嗅着还有一种别的什么东西。

在人类求生存的意念以上，我想还有一种什么素质存在着，这素质并没有它的形骸，而仅只是一种脉脉的气息，它使有血有肉的东西温暖起来，它使每一个生物对另一个生物一呼一吸地相关系着，如同一道温温的交流，如同春夕里从到处吹拂来的阵阵的微风。

有血肉的生物，哪怕是一匹兽……都是在这种气息里受着熏陶的。

我相信，这匹狗便在嗅着它，嗅着这求生存意念之上的一种气息。

心灵被蹂躏了的，被凌辱了的，家产被摧毁了的，被烧残了的邻人们，回返到这废墟上来，废墟为我们保藏着一种更浓的更可珍爱的气息。

去亲每一片瓦砾，去吻这一匹狗！

让“皇军”继续来“征服”，来“歼灭”吧，徒然的，这种气息是永也不会丧亡!

尽先地，我将向着这些心灵接近的邻人们，和这一匹狗，俯着首，把膝盖屈了下去。

焦骷髅

可怜破坏也是一件不容易的事，和建设恰好相反。无论怎么迟缓，觉得都是非常的痛心。为什么把既成的事业，既流的血汗，既有的精力……又一片一堆地铲除了去？连孩子们将自己的积木拆去的时候，不都是不舍吗？

那些危墙绝壁，头重脚轻的幽灵般的建筑物——前天中午被 × 机轰炸后的痕迹，动员了许多市民来清除，已经一天，两天，三天还不会有很大的“功绩”。他们同样地哼着劳动时吭唷——吭唷的调子，不时——

哗……一声价响，起一阵灰烟，就拉倒了一处。哗……又是一声价响，又拉倒了一处。

一方面是忍痛地在拉倒着，一方面还在庄严地发掘着，发掘着那些丧失了生命以及没有了骨骸的人。

所谓“清除灾区”的工作，恐怕是人间最庄严最伤恸的一种吧。

我从来没有看见过这么多的死尸，也从来没有看见过这么多的残缺不全的死尸。发掘了一天两天三天，还有这么许多！都是这么残缺模糊，从枯木，从瓦砾，从坑穴里和我们再见。

想起咒骂人的“烧骷髅”一句话，该是够多么刻毒！如今我看见了无数的被烧焦了的骷髅，陈列在街道上，他们不久以前还和我们一样的是人，现在是一块块的焦炭，一团团的可怕的黑色的东西。

行过了“灾区”，绝不是用“伤心惨目”或是“不忍卒睹”那些成语可以代表了的，尽可以说，我们的心，我们的眼，此刻都好像完全失掉了它们的作用——还是在人的世界上吗？我还是人吗？到处陈列着焦炭，一团团的黑色东西，到处放着薄板的棺木，一点也不觉得奇异，一点也不觉得害怕，竟说不出有什么奇异和可怕，自己和这些东西，竟有一些些关系！

平日在街头看见了艳装的女子，自己总不免将头掉转过去，如今我在一块焦炭上还发现了一小片红毛线的背心，我觉得她太可怜了！为什么不穿得更华丽些与俱去呢？平日穿的褴褛的苦工，如今没有了半边头颅，烧剩下一段身子，为什么又罩上一件新海昌蓝的大褂，把他连卷带拾地放进了棺木里去呢？

连孔圣人都愤懑地骂过人：“始作俑者，其无后乎？”我如今却看见了真的人，倒反不如人做的俑！一个白皙的球样的东西，定然是一个人的头盖骨了，不知是被烧死的，还是被炸死的，还是被压死的，在它的上面还贴着几簇簇乱麻似的黑发，这一个东西，真不及人家纸扎店檐口挂的那个未完成的劣质的人俑头型模样多多了。但他却是一个真人的骷髅。

拉倒下来吧！在我们的国土上。

埋葬下去吧！在母亲的大地里。

这是作为新生者的蛰雷，培养后起者的最佳的肥田粉。

婴

婴儿的哭声，妇人的哭声，谛听着风声里还夹着急切的雨点击打着枯叶的音响。

窗外漆黯，夜才是一个开始，四周异常的冷落，季候也才是冬天的一个开始。

婴儿哭了一刻便停止了，风声和雨声也似乎在间歇着，唯有妇人的哭声不曾住。

此刻，渗穿着一切的是这个妇人的哭声。夜，淹没不了什么，这绵绵的音波，却搅和着使夜的颜色更加浓厚了。冷落的四周，仿佛溢进了一圈一圈凛肃的气氛。

不知怎么我握紧了拳头，想一下捣破了这个夜！

明天，我问着邻人：

——一个婴儿的死亡吗？——

——不。婴儿是 × 机空袭那天，在大轰炸的时候出生的。就在那巷口的露天底下，大人惊骇不知所以地生了这个孩子。

——哭的？……

——伤痛了大人的心。

夜晚，这个不幸的妇人的哭声又传过来了。

我不知道有多少个母亲以她的哭声给孩子们当作儿歌了；我不知道有多少个母亲以她的眼泪洗着她自己的伤痕，并且津湿了孩子们身上的襁褓，像清露似的润泽着嫩草的根。

愿望着一个一个的黑夜过去，一个一个的隆冬过去，孩子们离开了襁褓，离开了摇床，站立起来：

母亲！儿子是同 × 人的爆弹一起落生，儿子是在父亲的血泊里长成。即使大地上埋满了我们战死的兄弟，从白骨中还会生出一个复仇人！

月光

今晚的月光一点也引不起人的兴致，谁看见了它，谁还要诅咒它多么凄惨，多么伤心的颜色！望着它，仿佛碰见了万万千千个针尖，把眼睛刺得无端地渗出泪水来。

此刻有这么好的月光，不是因为白日晴了一天的缘故吗？（这个地方，听说从秋末到夏初，一季内难得逢着十个天晴的日子。）就是因为今天看见顶空的太阳和月亮，所以无数的人们不能够再看到今日以后的阳光和月光了。这个山城，今天中午遭了一次有史以来的最惨酷的轰炸，差不多和佛教徒所警惕着的劫数，真的轮到眼前；这个无辜的城市有一大半已经被毁灭了。

现在已经有十一点钟的光景，全城异常的寂寞，但我相信，全城有十多万人，还没有一个是安息的，他们来来往往的在大街和小巷上——不，在火窟和废墟里。

一处一处的火舌，舐着深青色的天空。一团团的白烟，垂冻在月光底下的城头上。

不规则的哔剥声，好像是这个城市临死前的脉搏的跳动一样。

我立在寓所——我的一个亲戚家的门外，不，我是立在一个木石泥土砖瓦碎砾的大堆子上，背后就是一条街道。原有的大门楼、墙壁、房屋和院里树木，已经完全被炸毁了，一个仆人在里面发掘着还可以拿出的物件，零零碎碎地搬运到门外的街心来，因为右邻和后邻的火势，正向这边怒卷着。

不想还有早晨剩下的一盅残饭，竟端在了我的手中，虽是冰冷的没有一点小菜，但不消几口便把它吞完了。我还从来不会立在街心吃过这样香甜美味可贵的饭。

我感谢月光了：它还能照着我，把我的影子留在地上，我没有埋葬在火窟或弹坑里，我还活着。

在月光下，我还能看见几个影子，团缩在我的近旁：一动也不动，一响也不响，我只以为不是死尸，便是一个箱子，或是一只网篮……

一个影子，忽然从稍远处走近身边来，我怕是一个幽灵，他歪歪倒倒地走着，他的头上裹着一个白颜色的布。

——瞎了！不能再看见什么了……

他喃喃的，我听出了他是住在前院看门的那个老人。

——先生，先生——你还在这里……今天我没有躲，我被房椽把我压在床铺底下……我会没有死！我的眼睛怕是不中用了……

月光下有两只黑亮的眼睛，我不晓得它们已是不中用的了，月光下的白色头巾，也并不是幽灵，那是我们可爱的同胞中的一个，那是一个有血有肉的人，他受了伤，他失掉了永远的光明；他流了血，他的血渗透了多层的绷带，斑斑块块的在月光下留着黯色的影子。

身旁另一团黑影也开始蠕动了，从物什堆里立了起来，是一个人，并不是一件东西。

——先生，替我看一会儿好吧？是一个妇人的声音。

她去了，于是我兼职着离我稍远一点地方的一些物件：盆呀，桶呀，门板呀，炭风炉呀，破棉絮……

她停了一刻才回来，几次拾了一些东西又去了。

最后，她从地上拾起一件东西抱进了怀里：

——谢谢先生了！唉！是作孽呵！

对于她的谢辞，我实在觉得茫然而惭愧，走前了几步，想知道我究竟能给人家一些什么帮助，看管了一些什么东西。

——我就来的：还有一个大一点的也睡着了。

这时我才惊讶地望见地上还躺着一个孩子，月光照着这个幼小者的面庞，仿佛是已经死去了的。

火，仍是不停地炽烈地烧着，烧着邻舍，烧着城，烧着我的心。

真正的生命，是天长地久般不会消灭，真正的生命永远在沉默里滋长着。

我更懂得了爱，也更懂得了恨。

我更懂得了生命的可爱，也更懂得了我们的生命原是为着复仇而成就起来的!

拿这一夜的月光，拿这一夜的火，拿这一夜的景色，谱制一首无言的曲调吧；我们的生命，齐在复仇的道上行进!

卖艺人

× 机去后，城里的大火，炽烈地烧起。上午还经由的许多街道都难辨认了；许多都不见了，有的被浓烟吞没，有的毁得精光。

已经是下午三四点钟的光景，肚子里还没有一点茶饭。绕过了零乱狼藉的家具、行李、瓦砾的大堆小堆和一些弹穴，好容易才转到平日最繁荣的一条街上，为着要找一点食物，如今这条街上依然是顶热闹的，可是这是多么灼人、多么惨烈的一种热闹呀！南头的火舌，那么毫无理性地狂卷狂吞过来，它们也是极度的饥饿了吗？

不得已折向北头去，以往比较冷清的一些地方，现在顿时成了市场成了码头了。权借不知谁家的桌椅板凳和木箱，居然“应运而生”地有了几个露天商店和几处临时吃食摊子。我庆幸我能够发现了目的的所在，它们好像知道我很饥饿似的。在一个卖天津包子的大笼屉前面，我站住了。

“先生，对不起！要再等下一笼。”卖包子的人说。

我望望周围有许多人，我并不想走开，因为我很饥饿，我想他们也是的。

做包子的手脚很多，像招呼客人的堂倌似乎也有两三个，虽然这个露天饭店并不需要他们。

我先是眼食着，稍稍习惯了一点，我开始耳食着——乃至饱满地似乎忘却了自己的肚子还是空虚的……

“喂，老五他们那里怎样啦？”剁肉馅的说。

“谁晓得，快烧到恒祥发了，对过的天利、民众，都完蛋啦！”才挟了一个小包袱的来人说。

“你呢？”

“哈，还好，就剩了这么一个大人！你们怎样？热闹呀？真行！”

“还不是一样！一个人落得带出身子出来，就算够本。”

“今儿你们的飞车演不成，高升的全部杀家也坍台——去大花脸的那个角儿，就抢出了一副靴子，他们班子里的行里统烧光了。”

“别忙，咱们卖几天包子再说。”

“老乡，你们不会从红包袱里变吗？变丝球呀，变练子，变法币，变活鱼呀？”不知哪一位食客搭了腔。

我的眼睛扫望了一回座上宾，边吃边说话的就是这一位，有两个食客却停着筷子在发怔，我相信他不但口没有吃，就是眼睛、耳朵，也都没有食——他们或许也是属于“够本”之流的吧。

“别打哈哈了。你真相信变戏法的能变真的？”歪戴着一顶贾波林式帽子的人，舞着他的擀面杖回答，我揣测他便是一个极有舞台经验的丑角。

第三笼的包子熟了，我吞食到世界上顶好吃的食物——北方的风味，对于我已是阔别久了。

一笼、两笼、三笼……的包子，陆续从这班魔术团团员的手里制造出来，他们的包子不是凭空变出来的，他们的手艺也不比任何熟练的厨师差些，这种包子是专为人饱肚子的吗？不，这种包子才是叫人加餐饭的！

这种工作者，这种卖艺人，这种“生意”眼，他们的力，他们的艺，他们的成就，确实没有一种数字可以代替出来：如果有，那便是说，凡是有生命的是不灭的吧。

在与我们的生命的仇敌作殊死战的时候，乃至这个城，这条街市，在火中，在瞬息即会被席卷去的时候。我们仍是在生长，火使我们淬砺成钢了。唯有钢才是韧性的象征，请看看我们这些作为顶熟练的顶气壮的锤工者的卖艺人吧！

× 人的残酷的毁灭，对于我们毋宁是一炉可宝贵的火！也毋宁是给了我们一种遭遇：多么值得嘲笑的东西呵！

西门

在这个山城靠西一面，大大小小有三四个城门。形式上有的是新建修的，有的还保存着古旧的模样，有的只是一个缺口，还不会给它起个名称。据说新的旧的都有名字，但谁也不大注意它们，我每天进出，就叫不上一个来。

我更历过许多城市，大概都是同样的情形，人们只叫东门、西门……很少提起它们那原来典雅的名字。物换星移，方向却是一个总不会变更的东西。

我在西门外住了半年，这一带颇为繁荣，有小的旅店、小的吃食馆、小的卖纸烟和葵花子的摊子……最主要的还是因为靠近公路局的车站。那些川流不息的人和货物，被大甲虫一批一批地带来，又一批一批地带走。一大早，这片地方真像一锅粥在沸腾着，煮的是一些马达、喇叭，和顶厚顶厚的邓禄普或古德立的胶皮轮子。

早晨不是警报的时间，除了赶路的，都还贪睡着。这时从城门洞里吐出来的，只有一两班送殡的行列，稀零零的几个穿丧服的后面，跟着一个黑黑的棺木。虽然少不了吹吹打打配合着哀乐，但一点也不严肃，倒真像一伙儿在赶一段路程似的。

死去的人，不再回到这城里来，不再为 × 人的空袭而担惊了，就这样永恒的被疏散去了。

这个城市的心脏虽然在另一个地方，但是它的脉搏却在这里跳动着。

白天，穿着各色服装的人们在这里来来往往，说着各种不同的方言，交涉着他们必要的事故。今天一列的卡车群停在城厢的附近，好像大甲虫也需要休息似的。（有的车身底下还躺着一个油迹满身的机械士，为它诊疗着疾病。）穿得颇入时的司机生的孩子，有的爬上驾驶盘前，偷偷按一下喇叭，觉得很光荣，很大胆的又去了。明天，另一批大甲虫，另一批人和货物又来了。

由楼窗口和小门扇后边伸出来的几张面孔，倒是熟见了的。她们的脸上多半是涂着一些劣货的粉脂，头发不吝惜地烫作云卷的式样。有时候也看见她们手里玩弄着一个汽车上的零件，或是逗着一只小猴子，那是有人从安南带来遗赠给她们的。

像这一类的娼妇，我估计着大概总有一个相当的数目。她们的日子过得也许相当的充实。她们常常给每一个城市的脉搏处以相当的“调节”与“变压”吧？我想。

谁知道？在这些地方播下的种子是哀愁的还是狂欢的？是留变的还是倦怠的？是生产的还是不结实的？然而，同那小店门口的招牌，同那涂在墙壁上的大字标语，似乎没有一件是可以缺少的东西。

夜晚，西服穿得挺挺的男人，挟着女人，一对对从城门洞踱进踱出，不再看见谁的身上还有一块油迹，或是谁的脸上不是用的劣货的粉脂。一阵阵作呕的酒气和一种什么香气，迎面飘忽过去。路灯才装了不久，从树荫下闪出破碎的影子。

每天每天我从西门进出，每天我经由这一段脉关，再走上一道寂寂的山岗，穿过了一片种玉蜀黍和南瓜的田地，回到我所寄宿的一个祠堂里去。心里喃喃的，没有一个人和我对语。

偶尔从暗处传过来一声流亡的歌曲，我辨认一下我走的方向，我仿佛离西门也是很遥远的了。

仰头望了星子，星子都瞬着眼。他们会看见我们分散在各方的父母兄弟姊妹与友人吗？

一九三九，七，卅

黄沙河

武汉外围战正当紧张的时候，那里有许多难童预先从粤汉线转湘桂公路被疏散到桂林来。不幸中途有一辆卡车覆没在省界的黄沙河里，一车难童就从此遭难了。看见报纸上的消息，再又迎接他们，那已是他们到达后的第二天了。

这剩余的五六十个难童，在郊外的荒寺歇了一夜，第二天下午才为他们张罗了一所草棚，把他们权且安顿下来。草棚似乎是另有用场的，搭在城心的公园当中，平时我看见好多穿灰布制服的大人们挟着书本或是讲义走进走出。

我立在那草棚外围的篱笆门前不久，果然有两辆卡车向身边开来了（平时不许任何车辆开进这公园里来），我欣喜着他们可以到达他们应该休息安住的地方了；虽然都不认识谁，我也没有担负任何的使命，我喜悦的是我立刻可以看见他们——我们的民族的第二代，一群未成年的孩子们。如果我们这一代的民族仇恨还没有被清算，那么这仇恨的种子应该早已深植在他们的心里；如果我们这一代还没有争取到民族的自由平等和光荣，那么这个神圣的使命还要依托给他们的手，他们的心，和他们的血的！

两辆卡车停了一刻，还不见打开车门把他们放出来。有几个人立在篱笆门外交头接耳，不知所谈何事。我估量着大概是等候某某夫人或是某某委员之流来训话点名吧。

五六十个孩子终于从车门里顺次出来了。他们每人捧了一束稻草，穿着大致相仿的短袄短裤；除了一束稻草，真是此身之外，一无长物了。有的又匆匆跑回车厢里，为的拾起他落下的那一个小珐琅碗，那是吃饭喝水所必须要用的。

我投着我的眼光，送他们一个一个走进篱笆门内去。我的眼睛有些昏花了，我禁不住地低下头回想起自己的童年……

没有一个人，尤其当他幼小的时候是不需要爱抚的！而真正能爱抚他的又莫若自己的父母。失去了爱抚，离散了父母，那是最大的不幸！爱抚一旦被剥夺，父母无辜被杀害，这是仇恨，永生的仇恨，代代的仇恨，没有一种仇恨能比与生命和幸福为敌的仇恨再足仇恨的了！

我们的血，应该是为着保护我们民族的独立而流的。

我们的汗，应该是为着建立我们民族的光荣而流的。

我们的泪，应该是为着灌溉我们民族的生存而流的。

看见这一群没有了父母，没有了爱抚，没有了家屋，来自远天炮火之下的孩子们，我禁不住地流下了泪。我的泪是为着民族的仇恨而流的，这些不幸的第二代的孩子们，怎样才能得到我们大人的扶养与培育呢？

此后，我每天都站到篱笆外边去探望他们，我看他们游戏，听他们唱歌，注意他们的生活，如果发现了有一个孩子在沉默着或是伫立着，我的心立刻会痉挛起来，眼睛也就立刻湿润了。

谁使我们流浪，
谁使我们逃亡？

清响的歌声，阵阵地波送到我的耳鼓里，它们使我的眼睛发起光来。孩子们，你们不是问，你们知道，而且你们会比大人们更知道得清楚，更觉悟得深刻！

那一阵孩子们沉没所在的那条黄沙河，那河里该是满满地泛着我们骨肉血泪的波流！让它永远灌溉着祖国的大地，成长起为复仇而生的子孙们！

默念

为学习友邦的语言文字，已到中年，我又一度做小学生，与我一样咿呀学习的同学，十之八九在白天都有服务的地方，并且很多有家，有儿女，一到夜晚，就聚在一个课堂里来了。最难得的是，各省市的、各界的、各种遭遇不同的一群中年人，却是抱了同一个心愿，聚在一个教室里学习。我们用笨重了的舌头，学习那个发着“R”音的“P”字，我们学到CCCP那一大串的友邦的名称。我们知道了“巴尔地山”的意义……我们的心都年轻起来了。我们好像看见北国的雪，雪上的巨熊。

两个多月的工夫，我们知道了许多军用单字。日常用的“再见”“多谢”……酬应语，挂在我们的口头不歇地说着，我们并不觉得自己是幼稚的。记得我们有一次练习翻译：

——今日中午，发出警报，××飞机十八架，轰炸南郊，仅死伤水牛数头。这即是当日的一段事实。

不久，满三个月的期考考完了，我们开了一次同学会，并且欢迎我们的校长，席上每个人自我介绍一次，大家异常恳切，散会时还拍了一张照片。

隔了两天，这个城市又遭了一次残酷的轰炸。那天晚上我们仍旧上课，课堂的情景却有些不同了，煤气灯照样地点着，好像没有往日的光亮，四周的垩墙已经塌去，光亮都溜到外边，凄凉地照在枯树与砖瓦堆上。课堂里还空了一些位子。有些同学的家已经被炸；有的自己受了伤；一位姓李的同学是殉了难——警报发出的时候，我还在路上遇见他，他说先要回到家里去看一下，然而解除警报以后，他们所住的那一带已完全毁灭，没有谁看见他的归来，也没有谁在任何地方找到他的影子。天暗了，在火场里也寻不出他的尸体，拨开了灰烬，在一截烧残了的楼梯边，有一团焦块，在这焦块的近旁，有一枚校徽——我们学校的校徽，才知道他不能与我们道“再见”了。

讲课之先，大家都肃立了起来，我们低了头，为的默念，为的致哀。

我们失去了一个同学，一个同志，一个在长征途上的伙伴。短短的默念，使每个人的心都沉重了，因为它更加充血，我们牢记着那些同学、同志、同路的伙伴们所失去了的血。

前两天照的那张同学会的照片，于是成了我们纪念李君最好的东西。

离开学校，离开那个洪水甲天下的名城，到今天整整是一年了，为了不想离去而不得不离去的原因，异常使我追悔。今天，民国二十八年十二月三十日的今天，在警钟乱敲的声音中，不想只剩了我一个人，在这个遥远的地方，又独个儿在默念起来了。

我们忘不了这一笔血的债！我们这一代，我们的子子孙孙，世世代代，也不能忘记这笔血的债，除非我们有一天能够完全把它讨还！

第五辑

滇南时光

——短暂的田园梦

名邦

一九三九年九月下旬某日中午，我从滇越路碧色寨换车，再挤进一列恐怕是世界上最小的火车里去。我呆呆地望着窗外，那个穿黑色衣服的安南[①]妇人，正走来走去卖着一篮香蕉。四围没有一个面熟的人，我才想起我在旅途上了。

车开了，一车人好像装在玩具箱里，被个孩子拖着向前“古鲁古鲁”滚动。下午三点钟左右，车忽然在半路上停止了，据说前面那一站民团和盗匪正开着火，有人听见远处有很密的枪声，可是车厢里很乱，我什么也没有发觉。窗外面只有一堆一堆的山陵和一丛一丛的树木。一个钟头以后，车进了站台又不动了。车厢里的人们忽然起了一阵轻微的骚动，大家都向窗外伸头，我也随着转过脸去。

三个担架，接连地从对面站台上抬到我们这一列车里来。三张皙白的脸孔，像三张纸铺在担架上。自从进入云南省境以后，那到处都是绛红色的土地，曾给了我如何的喜悦与欢快！然而，这一瞥中的现象，却使我禁不住地打了几个寒噤。（不久以前还活跃着的人们，无辜地被盗匪打死了。）

小火车好像立刻严肃了起来再往前进，沿铁路附近的山头上，还有荷枪的人在作着异常警戒似的姿态。我的心不禁有点惊悸。车到了建水已经黄昏了，人们都络绎地下去，剩下的只有几个不像旅客的人，躺在车里好像有着什么任务似的。有人也劝我在这里歇一宿，说再往西去更不安全，今天劫车的盗匪既没有成功，说不定还有什么报复的计划……

---

① 安南：越南的旧称。

车仍然向西开出了，月光如银粉撒在大地上。向西进，向西进，看不出一点灯火，我只记得沿着一个湖边走了很久很久，那一条为月光所镀亮了的湖水，好像正指示我渐渐深入了一个神秘而恐怖的腹地。

午夜，小火车停在它的终点了，我也到达了我的目的地。微凉的月光照着我，并且把我的影子第一次映在石屏的土地上。

明天，我听到起息的钟声和号声，见到一群一群可爱的青年男和女。他们都是那般活泼而健壮，都是从幼就在这里长大起来的。我感觉到一种新鲜有为的力量，正在这个腹地里滋生发育着，有一天，会使这个绛红色的土地上树立起无数的器才来。

我欣喜地走进城里去作第一次的巡礼。整齐的道路，大都是用方石铺成的。十字路口和大街上有几座颇为巍峨的牌坊，虽然有些陈旧了，但他的匠工是异常考究而精细。人家的门头上，几乎触目都是一些匾额：“文魁”“武举”“太史第”“观察第”“经济科博士”“父子同科”……那向东朝阳的一道城门楼上还有一块很大的横额，写着四个大字：“文献名邦。”我想到这个不平凡的城，原来就有着她的光荣的台衔。

现在，忝居“为人患”的我，想起这一番的来行，真可谓粗心的勇敢，大胆的荒谬了！倘使允许我效颦先圣“述而不作，信而好古”的话，那么我自应引据典籍，庶可为这个名邦流美，而赎我的罪愆万一吧：

> 石屏莱山苍翠，异湖汪洋，名胜中于属群……诸峰耸翠，三岛洄澜，异湖九曲之胜，颇称灵秀。……龙湖潆其东；迤络河带其西，云台玉几山襟其南；乾阳梅子岗枕于北，山川灵秀，风气凝聚，滇省称最。
>
> 见《云南通志·临安府志》

> 士喜尚学，读习惟动。妇人习女红，勤纺织，每深夜犹闻机杼声。田多瘠薄，农夫耕用两牛，前挽后驱。胼手胝足，终岁勤劳不

休。俗尚节俭，急输将。近者礼让讲，革面未能洗心焉。至山寨夷众，皆居茅屋土堊，语言、服饰、婚丧、饮食犹仍旧习。其英俊者习诗书，学文章，游伴者岁不乏人，现有登甲榜者。

见《石屏州志》

自然，这些引据不足作为近代人的“旅行指南”读，同时，我也素来不大赞同由“旅行指南”那类书物中便可以得到一个地方的全貌，触到那里的脉搏和气息的。

风物

一

城西南有一匹小山，整整齐齐的像一只帽盒，所以人们就叫它帽盒山；有的把音读转，便成了冒火山。正在山尖上有一座石塔，这座塔倒真像一个帽顶了。从远远的地方望去，还可以看见塔的影子斜放在山坡上。眼力好的人，也许可以看见影子底下是不是有着人。我曾试探着问过她，但她没有回答。(她不知道那一次我和她两个人在塔底下坐了那么长久，我的心是如何的跳跃，我的胆是如何的恐怯来着。) 记得那一次我还对她说过："现在我是多么轻松，多么幸福！城垣，市尘，人家……都放在我们的脚底和眼下，也好像全是一些不必要的度外之物似的。可是幸福，一经自觉的幸福，幸福便已成为过去的了。如今的一切，也徒然是日后追怀的残痕而已。"

我们默默地望着东边的异龙湖，湖上一抹蔚蓝，一抹碧绿，一抹绯红，一抹素白……这美丽的幻变，真不知是天上的？还是人间的？还是我心灵的冒险之反映？唉，这匹小山当初一定是喷过火的吧？（塔下）

二

异龙湖确是一面大的明镜。南岸有五指山伸到湖中，形成了几个小小的港湾。葱茂的树木遮盖着每个山头，好像那边另有一个天地。有一个山顶上有着庙宇，望过去就如同中古时代南欧沿海的那种庄严的堡垒和阴森的水牢一般。

湖上有几个小岛，我只去过大瑞城和小瑞城两个地方。大瑞城还可以从一条长堤上走到，小瑞城完全围在水的当中，必须划船才能上去。那一次我们在湖上遇着风浪，险些儿把一只小船弄翻掉，可是我不知怎么竟这样想：即便葬身鱼腹了，我不是和她同过舟吗！

从小瑞城的一个敞台上展望，一片苍茫，万顷波光，我禁不住地由衷赞美着：女性的海啊！（湖上）

三

沿沙河和树排往西北走，穿过符家营，再傍溪走一程，便可以望见一丛林木极为葱郁的地方。在那里有一潭清澈的水，水面上也是永远涌现着一圈一圈的纹路。潭边的一株大榕树，不但盖着全个潭面的顶空，而且还给周缘撑起了无数柄的绿油伞。这里是幽静，沁凉，几乎近于阴冷了。

那个祀奉黑龙的小庙，就紧靠在潭的左边。门锁着，从墙里却伸出一簇一簇的红球花，好像魔女的化身在不耐寥落地窥探着外间的动静。

地上满铺着一年两年落下来的新的陈的榕树子子，它做了我们的垫子，也代替了我们的话语——我们把它一颗一颗地投进潭里，看着它无言地沉落，就好像我们也不会永远被并列在地面上似的。

亚当和夏娃被逐出了伊甸乐园，那是为了犯触上帝的意旨；然而我们可以发誓说我们并没有罪，命运却使我们分别了！（潭边）

四

多少碑碣已经作了墙基或是铺成路面了，纵然还有一些模糊的字迹留在石上，却没有人再去低头理会那些已往的事迹，和故人的姓名与生卒年月……

学校大门的外边，经常有一群石匠在那里矻矻不息地工作着。他们凿开一块一块的岩石，或是磨平一块一块旧的碑碣，丁丁铿铿地镂着条纹，刻着一行一行的文字，作成一座一座新的石坊，填砌在墓前好像三道小门——门是开不开的，门上刻着许多字。

在夜晚这些石匠的工作也不停止，荧荧的几个灯火，照耀着他们的古铜色的面孔，除了丁丁铿铿的斧石之声以外，也只有黑色夜幕中所回响起来的丁丁铿铿，丁丁铿铿……

这是一种工作，一种严肃的工作，也是启示在地上的人们，应该怎样才能留下一种比刻石还要长久而不磨灭的工作吧！（石匠）

五

暗路夜行的人们，他们没有电筒或灯笼或火炬，仅仅拿着几片薄薄的木板条，燃起来便可以照亮了前路趱行。火花边走边落着，给路上留下一点一点的红的虚线，仿佛也度量出黑夜的深沉与寥寂。

逢街子的时期，成把成把的在摊上出卖着，我终于打听出它的名字叫"烛筏"来。

"烛筏"，真是一个最恰当最好听的名字了！由这个名字我好像想到带着光明而度过黑暗的意思。（烛筏）

六

我常常想着世上最浪费最多余最表示人类心地窄隘的东西，莫过于环围着家屋外边的那一堵一堵长长短短高高矮矮的墙。大概自从有了竹篱木栅以后，恐怕人类的文明已经蜕变过了。你看，那透不过一点一线气息和光亮的墙壁那边，不是好像告诉我们有什么野蛮物在内吗？那在内的好像干脆用墙壁挡驾道：外边的野蛮物止步！

我看见这里到处利用仙人掌仙人鞭一类的植物当作墙界围栏之事，才不禁有如上的感想。不过，这些结壮的厚实的带刺的植物，却也给我带来了一种南国的幻景：我喜欢在热风里裸光了身子，却不愿意在冷气中着上棉袭。（棘篱）

归牧

一个八九岁大的女孩子，拉着一个小火车头——这是我给水牛起的名字，因为它的身体比一般黄牛要庞大，在田间并不显得，等它走上了小路，对面遇见，就觉得它格外大，格外重，格外笨，真的像一个小火车头了。

水牛的鼻子里还发出气咻咻的声响，同火车头停下来的那种情景，可算毫无二致。

那么小的小姑娘，那么美好的，脸圆圆的小姑娘，她的个子，她的模样，她的服装，和这个水牛比照起来，一个在前头，一个在后面，谁说不像拉着一个小火车头呢？

那匹水牛，走走歇歇，好像意犹未尽；孩子背转过来退着步子走，仿佛听它的便，很有耐性似的，虽然我晓得这个孩子念家的心切，牛却不慌不忙地，并不随随便便就让这个小主人牵了回去。

我看见这个小女孩子的腕上，有一只还套着一个人造象牙的小手镯。

她们先是走在我的前面，不久就落在我的后边了。

我再回头，她们已经落在苍茫的暮色。

她们不比那热带地方的朝廷，坐在象背的锦鞍上，华丽的伞盖底下的王孙公主们更高贵些，更令人羡慕吗？

雨日

朋友来信说了许多别后的事，末尾加了一句："你那里的天，是不是蓝的？"

要不是朋友这一问，我倒忘记了我为什么来到这么一个地方了：我有一双黑色的大的眼睛，我憧憬着蓝色的天，我来到了这里。

我不会告诉过关心我的友人吗？我早就应该用几个字报道：

"这里的天，是蓝的。"

蓝色的天，盖着我；我的梦，也是蓝色的。如果再沉静地、再单纯地补充一句话，我将说：

"在蓝天底下梦着我的梦，梦不思蜀了。"

然而，偏偏只有今天，我仿佛醒觉过来；身上多加了一件旧外套，依然有些寒意，伫立在窗下，想默默地寻回了那蓝色的天，和蓝色的梦。

一个孩子从花区中跑过去了

一个孩子又跟着奔向前去

一个挟着他的布鞋，光着脚

一个把他的童子军领巾拆散了披在头上

一张伞盖底下，又看见两个肩抱着肩的孩子，低着头，慢慢地走着，像是数着他们的步子，像是谈着什么哀心话——隔着窗子，隔着雨声，我不能听见。

他们的步子踏着了我的心。谁望着水汪汪的地面上，一个小钉，一个钉，钉着点点的愁恼呢？

我想抓回来那几个奔跑和行过的孩子们对他们恳诉：

不再可以了么？把你们的力，分一点给我吧！我的血，并没有停滞，我还希望它们仍旧地激流起来！

蓝色的梦，第一次被雨穿透了。

我知道我的故乡是遥远的；落着雨的故乡是不会映在眼前的。

我知道心灵的故乡，还在更遥远的，更遥远的地方：

唯有那里才有永恒的蓝色的天。

春荫

西准提寺改建作中学校，已经有十多年的历史了。当初唯一的大庙，如今是这里的唯一最高学府。几百个男的女的青年学生，代替了罗汉、观音和菩萨。偶像被铲除了，古远年代留下的松柏，同我们在一处生长。

藏经楼上不再是狐兔的巢穴，巍然地却仍有一种森严的气象。楼下便是大礼堂。堂前的方坛上列着石凳和石的棋枰。那玫红的楹柱，翠绿的椽梁，都不曾变色——也许经过几番的油饰了。嵌镶在楹柱两侧的蓝天、紫山、竹薮……永远是那么鲜明的。

在南国本来没有冬，我不知道为什么这里还要放起寒假来。

昨天举行天休业式过后的礼堂，即被扃锁了。今朝从月门望过那边，梅花、桃花、樱花都放红了；他们也许已经开了好几日，但在阒无人声的境地里，却显得越洋溢倨傲。如果套着旧词的笔词，该是“深院锁春荫”了。

我的心，忽地轻颤了起来，当我瞥见绯红的朵云下有一对人影。

一个女的靠在廊上，一个男的伫立在阶前。我认得他们，他们是这次毕业班级里的两个高才生。

他们低着头，并不像情话喁喁的样子。然而他们究竟为什么待着，待着为了什么呢?

我想起来米来[①]的，那幅《晚钟》的图画来。但在眼前的这个画面上，金红的色泽不是夕阳，而是春朝的光辉；不在苍茫的田野，而在灿烂的庭

---

① 米来：通译为“米勒”（Jean-Francois Millet，1814—1875），法国主要以农村为题材的著名画家。

院；没有杂草，顶上正开着艳葩；没有虔诚的祈祷，而只是绵绵的忧怨：

别离！好像就在今朝，从今朝起，便要别离了。

青年的男和女……我不说什么，我也不会给他们省略了什么他们不当做的吧？

唯有爱，才是向荣的，正当的，幸福的。

我的眼有些迷濛。我诧异着我对于这一个终古以还的最平凡的，却又是最新鲜最生动的场面，竟成为一个观客了。

我默默地为他们祝福，他们如今都立在春荫里。在世界上，唯有不在春荫中的人，可以为他们祝福；虽然他们不需要祝福，更不需要第三者知道他们：正如同他们不会介意他们的影子，便是与春荫融成一片东西。

我于是转过脸去，我轻轻咀嚼着这寒假乍始的日子。

花轿

前两天，我差不多同时接到三份以上的喜柬。迎娶的或出嫁的，都择定了一个相同的好日子。

这一天，我只能到一家做客去。我经过了好多悬灯结彩、喜气洋溢的门口，都不是我所要去的那一家，也不是我接到请柬而不准备去的那些人家。我知道这一天还有很多很多的人家在结婚。

满街满巷花轿来来往往，因为街道不很宽，几顶花轿挤在一起，并不是一种稀奇的事。

我想，今天全城郊的轿夫是要总动员起来的吧。

新郎，新娘，以及他们重要的家属，或是红媒大宾，都可以有轿子坐，不过新娘所坐的是花红轿子。

她们或他们都很大方，并且也不像别处的花轿，非那么层层遮掩，密密围盖住不可；也不考察所谓改良式的花马车啦，花汽车啦，绫呀缎呀织锦的湘绣的什么，而仅只是一顶一顶罩上花红洋布的轿子。轿子的前面也不用轿帘，所以我们在街上尽可肆意欣赏新娘的俊丑，或端详她穿的什么衣裳和鞋袜。有时候新娘也从轿子里眼睛滴溜沽溜地看着你，只要她愿意。

从这一点：自然，合乎人情，不鬼鬼祟祟，不躲躲藏藏，不耍猴子戏，我就感觉得高兴，感觉得畅快。而且，对于那一些所谓“时兴”“文明”的结婚仪式，倒毋宁是使我最厌弃、最痛心疾首的了。

还有，这里抬轿子的人，并不真是轿“夫”，而都是轿“妇”。她们的劳力，比男子们更可贵些，比性质，也更伟大些。

这一天，在我未抵达那个结婚人家以前，我总是被一顶一顶的花轿压在后面。走路常常低着头的我，这一次却例外地望着前面：

一顶花红洋布的藤轿子，慢慢地款乃着。

两个轿妇，四双没有步骤的、参差上下的脚，光着，一直光到膝盖以上。

还有一双幼小者的脚，拖露在一个轿妇的腰背后。

这个轿妇在负着双重的工作：肩上抬着人家嫁出的女儿，背上还背着自己生下的孩子——我不晓得那是男还是女。

这是一代，两代，三代。

我低徊着，我不能说出我是不是有了一种“了然”感。

百年好合——然而，百年何几?

我想起寂寂地已经埋宿在坟冢里的妻子，我惊觉了我如今还是走着人生的茫茫的路途——只有这一条茫茫的路途。

叶笛

我没有听过芦笙是一种什么音调，却曾读过关于吹芦笙的故事；不过内容也不大记得清楚了，好像与纤纤玉手打钢琴，或是大珠小珠落玉盘的那般雅乐无关，而是充满了田野气，落落大方的原始的呼号。我想属于所谓“天籁”范畴之内的，应该包括芦笙和吹芦笙这一类的故事。自然，更好的如山歌、打夯、拉纤、力伕们的那种吭唷曲……

这里的牛，在颈上所系着的那种铁铃铛的叮咚声响，也似乎是自然在奏着牧歌，叙说着牧歌里的故事。我爱好牧歌，所以我也爱好石屏如同是在牧歌里的一个地方，这里没有芦笙，我却常常听到吹叶子的——我叫它叶笛，我想大致和芦笙也很相近吧。

《云南通志》里有一段关于石屏的记载说：

> 少年子弟，暮夜游行巷间间，吹芦笙或吹树叶子，声韵之中，皆寄情言，用相呼招。

引证本可以到此为止，为使我的牧歌故事生根，那下面原有的两句，也应该补足：

> 嫁娶之夕，私夫悉来相送；既嫁有犯，男子格杀勿论。

照原文上看，原始的爱，似乎已经钉上私占的铁记了，不，谁能说爱不也是从一种血淋淋的斗争中得来的？男子杀掉一个要求爱的妻子，或是自己被遗嫉而杀于他人之手，这是罪过吗？牧歌也是饱含着悲剧的成分的。

来在这么一个地方我竟不会吹叶子——并不是希冀杀谁或被谁杀死，或寄什么情言——甚至于怎样把叶子吹响，我也不甚体会，真是抱憾极了！仿佛把一片绿绿的叶子夹在手缝和唇间边吹边唱着，于是呜呜地似鸣似诉地道出一支歌，一首诗，不，传出他的情言。

这种声音会把人带到芦笙的故事里去，所以我才把它叫作叶笛。

每次听见年轻的人们吹起树叶子，我便知道不是课毕就是假日了。那声响给我带来了松闲和愉快。我探出窗外，望见树叶和树叶间隙的蓝天，睁着无数无数的蓝色的眼。我好像把身心整个安顿在一个歌谣的世界里。原始的呼号，在招徕着原始的爱抚。

为爱情被杀的，谁敢断定他的心灵已经死亡？爱，不是已经渗透了每一片树叶子，使它们绿油油地发着生、生、生的微光吗？它不说话，它却紧贴着无数个男子们的嘴唇，悠悠地吟诵了它的欲求和失望的历程。

有一次在一个热闹的集会里，“吹叶子”也占了一个精彩的节目。当演技、唱歌、舞蹈……之后，那两个平时我看着极沉默的学生，起来表演吹叶子了。不像吹，不像唱，也不像歌和诉……那颤巍巍的音调，正好像微波轻轻击着寂寂无人迹的花香草长的岸缘似的。也好像为我打开了一重门，我又望见门外的青春了。

在这里我本是“先生”，可是我不曾即兴地对他们说着一堂人生的课程：

青春时代的一切，不管是欢愉还是苦闷，那都是生命中的一种绝响，不再重复也不能重复了。男性的爱，可以使每一片树叶子发出响声，女人们——花么？一阵风间，一眨眼时，已经飘零满地了。

做客

这里说做客，并不是一个人单身在外边的意思。做客就是到人家去——结婚，开丧，或是讲交情，都有的吃，而且吃得很多很美。虽说做客，可不需要什么客气，一客气反教主人家不高兴，回头怪客人不给他面子了。有好多次我都不认识主人是谁，便吃了他很多东西，我感谢这种盛意，但心总不免为主人惋惜：请了这么些个客人来，一张一张陌生人的面孔，究竟有什么可取的地方呢？我想，在这里做客，还莫若叫作“吃客”才妥当些。

请客的事，恐怕没有一个地方再比这里浪费的了。一个小小的人家，办一次婚丧，便要摆几十桌酒席，一天两三道，两天，三天这样排场下去。那些做父母的，有的要卖掉他们的田地和祖产，那些做儿女的，有的便负担这一份很重的债务，直等很多年以后都偿还不清。可是吃客们早已经风流云散了，像我便是其中的一个。

虚荣和旧礼教，往往是一种糖衣的苦丸，这个小城似乎还没有停止地在吞嚼着它。

因为做客做惯了，我可以写下一篇做客的历程。有一次我把这个题目出给学生们去做，有一篇写道：“我小的时候便喜欢做客，但大人带我去时候很少，总计不过二百多次罢了。……”这个学生是当地人，现在才不过十六七岁，做了二百多次客还觉得少，在我则不能不瞠乎其后矣。

就喜事的客说，每次的请帖约在十天半月之前便可送到。上面注明男宾和女宾被招待的不同的日期。普通的礼物是合送一副对联，很多的只用单张的红纸，不必裱卷；隆重一点的合送一幅可以做女人衣服的绸幛；再隆重的不妨当天加封两元贺仪。

客人进了门，照例是被招待到一个礼堂里坐下，随手递来一根纸烟，一杯茶，和一把瓜子。这间房里铺了满地的松针，脚踏在上面也不亚于软绵绵的毛毯。等候一些时候客人们都到齐了，于是就一拥而占席吃饭。午饭有八样菜，几乎每家每次一律，如青豆米、豆腐皮、酸菜末、粉蒸肉……和一碗猪血豆腐汤，汤上漂着一些辣椒粉和炒芝麻粒子。晚饭的菜是考察的，多了四小碟酒菜，如炸花生、海菜、咸鸭蛋和糟鲦鱼。热菜中另加八宝饭、炒鱿鱼和山药片夹火腿等，快散席的时候，每人还分一包小茶食，可以带回去当零嘴吃。

做客的程序，似乎到了放下晚席的碗筷为一段落，这时吃饱了喝足了的人，连忙抹抹嘴便一哄而散。走到门口可以看见一个弯着身腰做送客姿势的人，那大约就是主人家了。另外有人抓着一大把“筏烛”分给客人照亮，从那红红的光亮里，可以照见那些客人们的嘴上还衔着一枝纸烟，那是散席时每人应该分到的。

吃是吃饱了，喝是喝足了，还带有一些衔着一些东西回去，这一天觉得很快地便过去了；真是很满足的一天！于是，有些同事们在平淡的日子里便希望常常有做客的机会来“充实充实”自己。有的同事甚至于向人探问：“怎么近来学生结婚的不多？”所以一看见有红帖子散来，便禁不住地扯开了笑脸；有的直喊：

“过两天又有‘宣威’吃了！”

“宣威”成了一个典故，因为宣威那个地方出罐头火腿，很名贵很香嫩的火腿，大凡一有宣威火腿吃，便是有客做的意思。

一个学期终了，讲义堆下竟积了一叠子请帖，我在石屏做客的次数也不算少了。可是回想起来，我几乎不记得任何一家主人的面孔——当时就不认识，因为在这里做客，无须对主人贺喜，也无须对主人道谢，一切的应酬仪式，简单的几乎完全不要，因此，就习惯上讲，我每逢做一次客，我就轻蔑一次自己的薄情，以致我怜悯那些做主人的，为什么要这样奢侈、虚伪而浪费！

那些个青年的男的和女的，一个一个被牵被拉地结合了，不管他们的意愿，也不问他们能否生活独立。穿得花花绿绿，男的载着美国毡帽，女的蒙着舶来的披纱，做着傀儡，做着残余制度的牺牲品；也许就从此被葬送了。（我不相信一个十六七岁的男或女，把结婚的排演当作是他一生中的幸福喜剧！）记得有一次我看见一家礼堂里挂满了喜联当中——其实都是只写上下款而留着中间空白的红纸条，在那一列一列致贺者的姓氏当中，我发现了几个“奠”字，原来姓“郑”的那一半边旁，却被上面的一条掩住了。这有一家挂的横幅喜幛上只有“燕喜飞”三个字，原来中间落掉一个“双”字。当时我还不免暗笑，不过事后想想，反觉得沉闷无话好说了。

还有一次，我做了一回大财主人家的宾客，不为什么婚丧大事，却只为了说“人情”。

在中世纪似的极幽静的村寨里，我随着一行人走进了他的 × 村，想不到穿过一重一重的门第，还要走着无限曲折的游廊，踏过铺着瓷砖的甬道和台阶，满目华丽，竟是一所绝妙的宅邸。

听说这个主人手下用着无数的砂丁，砂丁们每年为他流血汗换进了无数的银子。这些建设也都是砂丁们给他叠起的！

我享受了这个主人的盛宴，我是在间接地吸取了砂丁们的许多血汗。这一次的做客恐怕是一件最可耻辱的！

常常作为一个冷眼的客人的我，我真的满足了吗？所谓饱经世故的“饱”字，已足使我呕心的了！

国旗

亚米契斯（Edmondo de Amicis）[①]的《爱的教育》，在中国的译本恐怕也是很行销的。我们学校的图书室里备置了它，学生们的手里也常常拿着它。在初中国文教科书里似乎也有选作教材的。因为他的文章浅近，或是因为他的内容充实才如此流行，我就不敢论断了。我想，也许因为“人同此心”和“心同此理”的这个“心”字并没有什么畛域的缘故才如此吧。

爱的教育原名 Coure——即心——所以关于亚米契斯的简短的介绍，似乎可以引据来了：

“他的最初的作品是倾向于爱国主义，在他的青年时代，正当意大利民族独立战争，故以感时爱国，激动了许多读者。”

亚米契斯爱国家爱民族的那颗心，也正和我们爱国家爱民族的这颗心是一个样的。他的书能博得我们的爱。自然就不是一件偶然的事了。

年长一点的人，大概都读过《柏林之围》《最后一课》那种文章，然而几年来在我们对日抗战的这个大时代中，连篇累牍，用我们民族血泪所写下的那些生动壮烈的故事，年轻的人们耳濡目染，对于献身国家民族的先烈们的爱慕与景仰，不更有切肤铭心镂骨之感吗？为争取正义、自由、光荣生存的战争，恐怕没有一种课程是比它更适合于教育国民的了。

我辈如今纵然是些哀军哀民，要从血泪中取得必胜的战果以后，下一代

---

① 亚米契斯（Edmondo de Amicis 1846—1908），意大利小说家。他 1886 年描写生活的特写集《心》，中国旧译为《爱的教育》，它反映了中下层人民穷困的生活和淳厚、朴直、友爱的品德，同时提倡谅解、博爱的精神，以实现各阶级感情的融合，地位的平等。

的子弟们，难道还不是最英明、最勇武、最强干的建国能手和好汉吗？

我们爱国家，爱民族，为着我们的国家民族里生存过我们的祖先，还要生存着我们的子弟；为着我们的祖先和子弟，也必须永远生存在这个国家民族里。

从一个年轻的学生周记册上，我看见这样的句子——我想他大概并没有读过怎么多的名作，也相信他不会一下便得到如亚米契斯的那种笔致。

> 早晨我们列队升旗了，旗子在竿顶上飘扬着，我们感到从心底涌出来的一种欢悦，我们的眼睛随着她上升，上升，致敬礼的手，迟迟地不愿意放下来……
>
> 下午降旗了，不知怎么竿上的国旗已经不见，还要重新升上去一次，然后再把她降下来。
>
> 白天，我们为什么不能看到我们的国旗呢？先生！我们的国旗，不是在所有的旗子中最美丽、最可爱的一面吗？先生！您能告诉我，我们的国旗为什么不能在白天自由地飘扬？……

负着给他们修改文字责任的我，我搁下了笔来停了一息，我竟很武断地在这篇周记后面批了几个字：

“你是知道的！”

为了敌人第一次空袭昆明时，某校来不及降旗，有几个人就牺牲在旗杆底下，于是各校升降旗的办法，才成如今这种样子。可是我们的美丽的国旗，从此也就一时失去了自由，这个年轻学生的疑问，恐怕正是他的激愤，同时也是我们大家共同的激愤吧！

——我们的国旗，应该在白天里自由飘扬起来的！校务会议这样议决通过了。

从此，登高一望，在万绿丛中的石屏添了一点红——我们的国旗，正美丽而且自由地在空中飘扬着，飘扬着一片微笑，好像回答我们无数颗敬爱她的心。

太阳

为了太阳，我来到云南，来到石屏，这里的太阳果然是美好的。虽然有几个雨天，太阳被黯云遮住，但是她依旧的美好，反而像灌沐过后的新鲜与美好。

我已经不是一个孩子，我为什么说出这样“孩子气”的话呢？是的，孩气，我不知道我究竟还有多少孩气！也不知有多少个大人还有着孩气？

太阳只有一个。

谁都知道太阳只有一个，普天下只有一个。我如今所说的也是这唯一的太阳，因为她不偏私，她照耀了我生，并且照耀了我，叫我甘愿去死——如梦地去死，梦里也被太阳照耀着，“梦”岂不是比“生”更美丽！

前天我给一个人的信上说：命运是苦酒，人生是一出悲剧，我诅咒我为什么是一个人！我愿意在春天长梦不醒；我要去吻上帝的足，你，就是我现在的上帝！

昨天只有半天没有看见她。当我下午一走进她的房屋时，我就禁不住地说：

“这里的太阳是多么的美好！”

太阳只有一个，不知道为什么唯有她那里的一个才是美好的。

太阳给我带来了生，给我带来了梦——我不愿意再醒来的梦。

谢谢太阳，今天照耀了我整整一日，我忘记了昨天的烦躁，我忘记了昨天的烦躁。我忘记了前天的忧郁，也忘记了过去的雨日……我知道我还在生着，还在憧憬着，我还有一对眼睛相和着太阳的光辉而闪耀……

谢谢太阳，今夜她还会给我带来美好的梦。我的梦也是光明的，闪耀的。

“你看，像不像太阳？”她指着枕衣所绣的那个太阳关切地问着。

太阳只有一个，太阳便是太阳，谁还能说太阳不像太阳？可见她也还是一个孩子。

“枕衣应该送一对，现在只送一个。”

太阳只有一个，一个枕衣上绣着一个太阳，我接受了她。世界上没有两个太阳，所以我也不曾想到我去接受一对。

今夜的梦，将是被太阳照耀着的，梦将是美好的——

太阳只有一个，她是一切美好的象征，因为她光明，她从不偏私！

今夜的梦也许在一个雨天里，一个大人也许会流出了孩子的泪珠，像黄昏的春雨，它是慰人的，润人的。我铭感着人间还有熏风，还有灵雨，还有同情，还有自然的流露，还有爱——不，还有太阳，太阳贴近我的面颊，太阳也需要用心的流露去灌沐吧？

明天如果我不再醒来，请为我祝福！并且为我祝福——当你们看见第二天的太阳，不要再说什么“晨安”，道一声“祝福太阳”吧！

红树

顺着山坡归来，回头望见丛竹，正扫着半空的岩石，中间夹着几株“冬不老”的红树，火焰一般的夺目，十分好看。

不知道路径，口里已经很渴，仍是信步而下，不意地一片菜畦竟展在眼前。

一个田家女蹲在田埂上，身旁放着两筐萝卜——一筐是洗净了的，一筐还带着泥色。

从水面上看见了她的健秀的面庞。

“卖吗？”都市的人说了这样的话，用自己耳朵听来，好像带着几分玩笑的意味——其实没有。

“不卖。”从乌黑的大眼睛里闪出来的答语。

“卖吧。”真的是诚意的恳求了。因为我们很渴，绝不想贪图人家辛辛苦苦要换钱的东西。

“送倒可以。”她莫奈何地答着，至少看出她对于陌生人有一种客气。

捡了一个较长的，又捡了一个半大不小的，一共递给她一角钱。

“不行！”她忽然拒绝起来，不是对于那一角，而是心疼了她刚刚洗净的两个萝卜。

真是成了一个僵局。彼此都莫名其妙地这个“突变”缘何而起。但我们没有一个人好意思驳她：“你不是说‘送倒可以’吗？现在只拿了两个，三个人吃不开。”

“我在这边捡一个小的，顶小的一个吧。”我说着便弯下身子，从那带着泥土的一筐中捡了一个小的；她的眼睛是跟着我的手指转动着，她看了不错，我拿的一个确是顶小的。我的意思是：拿一个没有经她洗净的，又是顶小的，她不会拒绝；果然她不拒绝。

结果我们每人手里有一个萝卜。她不说什么了。

我又顺手把这个小的递给她，她没有言语，立刻浸到水里，用一团稻草洗得雪白的递给了我。

我的心里顿时起了无数个问号。

——这笔账是怎么一种算法呢？

——是卖的吗？

——是送的吗？

——是她认为不公平的，索性叫它更不公平一点吗？

——捡两个不行的，三个也行了？

躺在筐中的那一角钱，仿佛也微笑着发起光亮来。

我们走了，没有几步，我的一个已经咬掉了一半，回头望她，她似乎也在望着我。

渐渐的远了，我再回头只能望见山坡处的几棵红树；她呢？我想她一定还在那边，她不能想到她的头顶是那么灿烂——红树会是她的花冠了。

也许吧，我会一个人，又悄悄地去到红树那边，去拾寻我曾遗留在那边的一颗青春的心。（谁也不知道我，谁也莫来伴我；只有不老的红树，他会启明我。）

珠泉

学校在西北城角外的珠泉街上，或许因为学校里有喷珠泉，所以才把这条街起下这个名字。

在没有来到这里以前，我还没有听见过有这么一种泉名，甚至于到了这里许多日子之后，我才无意中发现了这里有这么一个胜迹。

济南城西的趵突泉，我也没有去看过。据书上说："有泉涌出，高或至数尺。"拿"趵突"这两个字形容泉水，便可想和"喷珠"是迥乎不同的了。

这泉水正在校本部办公室之前，企鹤楼的下面。泉水被砌石的池子围着，池周环绕着栏杆，正中架着一道拱桥。

对于景物的描写，我是一个最没有办法的低手。现在只好把学生们记叙校景中关于珠泉的文章摘录几条下来：

开门见山的如：池里面的水，会古碌古碌向上冒，好像珠子喷出来似的。

略加形容的如：忽续忽断，忽急忽缓；日光映着，大的像珠，小的像矶，连贯不绝。

烘托陪衬的如：水面上铺着一层浮萍，泉从萍底下涌出，萍被泉水做成无数的圈子。

推理抒情的如：似有喷泉，其实不是喷泉，乃是地下的一种气体上升。一年四季，昼夜不停地永远像水那般滚沸着，冒着，永远是那么纯洁，永远是那么活泼聪明，永不退缩。

我最喜欢的一则还是有一个同学他只写了两句，好像已经描摹尽致了。他道："像鱼在池中吐水，轻轻地起了一串泡沫。"

没有见过珠泉是什么样子的人，你们在这里也会听见了珠泉的声息了吧？

可是这声息就常常欺蒙了我。当我深夜从桥头经过，或是一个人静静坐在室内的时候，我总是一下便想起：鱼在唼喋吗？……天在落雨了吗？

其实，什么也不是，沉寂的庭院里，只有松柏的黑影，和黑影间隙的繁星。原来，珠泉在那边切切地似乎在和谁私语着。

殿角檐头挂的那个铁马儿——经过多年风雨，怕已锈了——不时叮当着也仿佛和谁应答似的；可是它，却惊醒了我十年前的旧梦：山寺、黄昏、露台、蜜月、拥抱。幸福像一股泉水，谁也没有想到她的源流是会枯竭的！

我推开了堆在眼前的这一叠子年轻人写下的东西……

——文字毕竟是一种多么贫弱而可怜的符号呀！让自然来和我们对话，或是让我们对自然私语吧。

如果把珠泉的生命赋予我，把星星的亮光分给我，我将永远伴着我的在黑暗中的灵魂，并且和她私语：爱，便是一种永远的信守！即或像一串泡沫，可是她永远纯洁，永远活泼，也永远不会退缩。

沙河

一条长长的长长的沙河，是一条软软的道路，一条静静的梦的轨迹。

幽寂的秋，晴和的冬，暖醉的春，我经过三个节季，没有看见里面有一点水，只是一条纯沙的河，无量数无量数的沙粒，恒河沙数那么多的沙粒。

这条沙河，如今正是一道新兴的所谓防空壕，天然的防空壕，它可以容纳很多的人，并且把他们掩蔽得很好，看不出一个人影子。

河身比地面约莫低四五尺，宽度也不过一丈，两旁繁生着荆棘、冬青和榕树……枝叶交荫，就如同一条长长的藤廊一样。警报时人们在里面避难，平时差不多即是蝴蝶们游散的地方。

为了那里有软软的沙，我去徜徉过，在沙床上也坐卧过；为了那里有翩翩的蝶群，我也会像了一个探索者似的想去寻找我的梦的轨迹。

有一次和朋友的夫妇去，他们领着一个孩子，并且带了一只捕虫网，想实地猎取一点东西。蝴蝶像纸片般地飘散着，捕虫网趁势直扑了过去，有时一个网里扑住两三只，有时想一只大的扑几次也扑不到。

孩子拍着手喜欢，母亲说，放去那些小的；朋友说，专要那些美丽的。

蝴蝶不知道因为自己的美丽而丧失了她的自由与生命。

我一个人走在前面，我蹲在沙上等候他们。我用盛虫盒的钱纱屉子，筛着细细的沙粒，沙粒通过我的指缝，如同一股清凉的水流。

“你喜欢玩沙子？”朋友的夫人问。

我没有回答。好像已经回到儿时，忽然又被唤醒了。我的心，触到一点梦的轨迹，刹那间似乎同它溶印了。

我记起在长沙有一个朋友导游时告诉我说：

到岳麓山去，先后灵官渡渡过湘江，经过一片沙滩，穿过一个小洲，还要再走一片沙滩。

“我只恨那片沙滩还不够长，还不够广，在初恋的时候，没有一个人不喜欢走那条软绵绵的路，可是没有一条软绵绵的路，能比得上是沙的。”

我不懂得什么是恋，我却喜欢沙的路——一条长长的，软软的，去追寻梦的路。

不，我只喜欢沙，沙里埋着我的梦，埋着我的回忆，我的生命也不过是一条沉淀的、寂寂的沙流罢了。

牛场

我走过那么多的地方，我走到这遥远的地方来了；常是孤独的一个人，没有伴侣。我虚度了青春的一段岁月，如今正是蹒跚在中年的旅途上。一声猫咪，一声犬吠，一声鸡鸣，都会唤觉了我：我没有和谁别离，依然在我们的祖国里。猫是家乡一样的圆圆的脸，或许就是家乡走出来的；狗是一样的摇动尾巴，或许就是从家乡走出来的；雄鸡是一样的好斗，母鸡是一样的领着幼雏咕哝着，也许就是家乡的人从家乡带来的……

我不是一个农家子，当我嗅着那种土壤里混合着牛屎或马粪的气味时，我仿佛有如归之感了。

我爱这里的湖山如画，也更怀念起故乡的一切的可亲，然而如今的那里被铁骑践踏着，给我的记忆烙下了顶深的伤痕！

我还爱这里的牛群——他们是做奴隶的，做主人的奴隶的。他们拉车，他们拖木料，他们耕田，他们还能驮货物。每逢遇着他们成群结队地迎面而来，我就侧在一边，望着他们眼睛里闪出诚恳、忠实、憨直与驯良的光芒。那在田伫立着的水牛，我知道他们是在劳止的时候了。在大空之下，好像晚分得了一份的悠闲与宁静。我会给他们起过“小火车头”的绰号，有时看见水鸥和鹭鹚就歇在这庞然大物的背上，他不动弹，鹭鹚也很闲散地为他啄着痒——大概他们的脊背上寄生着小虫或牛虱一类的东西。

大批的黄褐色的牛群，常常有班期的从元江、磨黑一带驮了盐块来，照例总是歇在车站附近的一个并不平的土场上，他们如同一队完成了任务的辎重兵，在到达目的地以后，也不胡闯乱跑。赶牛的临时搭起灶来，马上可以烧水煮饭，并且在大锅里舀上几瓢猪油，炒些蒜叶和肉片（多半是他们队伍里的同伴身上割宰到屠店里去的）做菜吃。

有的伫立着，有的低着头吃着散在脚边的干稻草，有的伏着，在思想着什么似的空口咀嚼着。

——反刍的动物啊！我阴自唤着他们，不是炫夸我还记得一些生物学上的名词，而是寄着我的同情，甚至于为了我自己而伸诉：

——有吃食的时候，且尽量吞咽吧。不管是为了要饱肚皮，还是要留着咀嚼。虽然饱肚皮和磨牙齿，你们吃的是草，仅只是一些枯干了的草。

我在这个场上，往往稽留很久的时刻，没有一个友伴。过路的人们也许有知道我的姓氏的，但谁也不会理解我有这么许多的同伴就在这个牛场上。

有时，黑夜从场边经过，我听到丁冬……丁冬……冬冬……丁丁的铃声（这里的牛，颈上用粗链系着一个筒样的铁铃，发出一种深沉的瓷音），我知道有几头牛大概还没有睡去。

明天，场地空了，牛群去了，在那狼藉的粪堆与草梗中，还仿佛饱蕴着我的怀念……

渴血，肉食，乳饮者的幸福和生长如果是有的，我不相信有这样的幸福和生长了！

“革命是历史的火车头。”我不禁胡乱地想：

铁铃的声调，该是我们的战士，我们的力夫，我们的建设者的响奏了？

我希望而且愿意：做奴隶，做我的祖国的奴隶。

瘴疫

我不是要说一个幽灵或魔怪的故事，只是将一个人的“目击谈”复述一遍罢了。现在这个人大概还停在城中没有去，我想到他，如同看了一篇爱伦玻[①]的作品。

他是一个夷人。他来自边境地方的一个小县，当他疲惫地走了十多天的山路，前天到达离这个城市西头二十多里的一个村寨时，天已经宴了。他不清楚哪里有打尖的地方，便沿家去探问，家家都关得紧紧的，看不到一个人影。只有一家的门，还虚掩了半扇，他便贸然走了进去。院子里也是阒无声气。堂屋和厢房都很整洁，他想着无论如何今宵总可以有寄宿的处所了。

“哪一个？”微细的声音，忽然从一边房里发了出来。这个夷人知道这一户人家并不是空的，虽然这么大的门庭里却是这样的寥寂。

他说明了是一个过路人没有宿处，渐走渐近地到了那间房屋的檐下。从窗格看见房里的床上躺着一个衰老的妇人。

“灶就在西首，你必定饿了，去自己烧点吃食吧。”她给这个客人指示着方向。

夷人的心，被感动着，一时忘了自己的疲惫与饥饿。

“弄好了饭想烦你一下神。”她说着，稍稍欠了一下身子。

夷人的耳朵里，仿佛装进了他母亲的吩咐一样。

---

① 爱伦玻：现通译为爱伦·坡（Edgar Allan poe，1809—1849），美国诗人、小说家、批评家。他自称小说是“把滑稽提高到怪诞，把害怕提高到恐惧，把机智夸大成嘲弄，把奇特变成怪异和神秘”的，西方称他为推理小说的“鼻祖”。

“请你背我一下，把我背到后房的楼上去。”

夷人知道她是个病人，怜惜她已经难得移动了。

“并不是感激，也不是为报答着什么。”夷人停了一刻说，“一个人，替病人做一点事，这种力量和动机，可以说还是从心里自发出来的。”

他说这个妇人的体重很轻，还不抵一捆柴枝。

“于是我就背了她——”夷人说时把他的眼光注在一个地方，那个地方似乎有使他发瞠的魔力，“转过一个旁门，就背着她走上楼去，楼梯快走完了，一抬头，猛地看见四个死尸笔挺挺地躺在楼板上。这时我也不晓得背上这个人还有没有气息了。”

这个全夷人赶进城后，才知道昨天经过的那一带村寨，正传说有鼠疫症流行着。有些人家全部死绝了。

楼板上那四个死人是谁呢？恐怕连那个妇人自己也不晓得！她已经不能动弹，她还想去看看他们。

如今该是五个了，我想。

（后来据国际防疫处派人实地调查化验结果，证明该地流行的并非鼠疫症，乃是一种恶性疟疾——即前人所谓瘴疫。）

倮儸[①]

读书的人，看见“猓猡”这两个字，也许知道是一种动物，或者就把他们当作一种兽类。这种错误如果怪当初造字的人欺骗了我们，反不如怪我们的祖先太自尊大为妥当些。人是动物的一种，兽也是动物的一种，不过“猓猡”并不是兽，他们也是人。在我们的字汇上，有不少的字是属于“犬”部的，如狄，如狆，如狚，如狤，如猺，如獞，如獠，如猍，如猃……谁也不会相信狗有这么多的类别，当然，在人类里面更不会有这么多“犬”种了。所谓除华夏之外的人们，不出蛮夷数种，但据我所知，凡是大陆上的“异”族，却不是我们的敌人，他们常常是忠实的，他们是很可爱的。

这里常看到的是“猓猡”。我想知道他们的源流，于是去查《云南通志》。不查犹可，哪知随便抽取了四部，就在卷二百以下的《南蛮志》《种人》章内，竟有六十余种之多，每种还附木刻图像一幅，真是叫我惊佩前人学识的渊博与浩大了！但遗憾的是如同看《山海经》一样，令人弄不清一点头脑。有一节记着，“有二形人，上半月为男，下半月为女”。我看了为之咋舌，不得不把它送还图书馆，让它重蹲高阁了。

倒是学生时代看到的那些老地理教本上印的夷人图画，还能唤起我的印象。当时我很奇怪他们的头上为什么能架那么许多的东西，如今亲眼看见那种“原理”，我才了然了。

---

① 作者《渝版题记》曾道：“嗣后已知有关国内少数民族名称的字傍，应一律改为‘立人’，唯恐新字模尚未齐备，而本篇用字倘有不能一一照改之处，笔者不得不表示深深的遗憾！”此处，为保持旧书原貌，照旧版排印。

当初轩辕黄帝戴的那种多穗子的帽子，现在有的还保留在“猓猡”的头上，我并不稀罕历史人物的复现，只是觉着置身古社会中，到底有些异样的情调似的。

市上有专门做木枷（？）的，一块长方的板，把腰部挖成一个半圆的缺口，像一个“凹”字形，在枷板上还用色笔描绘了一些红花绿叶的文采，这就是“猓猡”们用以负重的东西了。有缺口的那个半圆地方，是容纳颈项的，另外有一根皮带，穿过枷板两边的两个孔，戴到头顶上便成为一个“凸”字形，于是整百十斤的薪柴、货物，或是筐篮等等，便都系了上去，需用他头顶、两肩，和脊背每一部分都要出力。

我看见这花花绿绿的枷板，心里便有些惆怅——又惭愧着我为什么不能去做一个“猓猡”的伙伴——这就是他们的生活的工具，这就是他们必备的，给自己套在头项上去负重的枷板了。

永远是弯着身子直不起腰来。看不出他们的头面，看不出他们的老少，男或女，至多在发根上看出几道红头绳，才叫人猜想着这也许是一个“倮儸”少女吧。

一块枷板讨得他们的肩力、背力和顶力，压住他们只得总是望着脚下的路。什么盐里缺乏碘质！我不信！“猓猡”的大颈瘤都是压出来的！都是挤出来的！

一个女生在一篇作文上说道：“下了火车，‘倮儸’的伕子就抢着替客人掮行李。我不知道，倮儸，为什么是女的。”

这语句上颇欠正确，但把她的直觉一笔白描了下来，我以为比几十卷书都还有力而耐人寻味了。

街子

很静，蜂群在偌大的校园里闹嚷嚷的没有人管。

看着不作声，点缀在干枝上的花朵并不寂寞。

风里有时吹来一阵市声，我想起今天又是“街子”了。五天一大街，三天一小街，宁静的日子过得也很快。

在这里，不是街子的日子，几乎一半像在睡眠中，所以逢着星期，便会发出声气来。

看见书架上挂的一个手提袋——前天买了一尺二寸布自己缝就的，还没有用过，便打主意也来赶一趟街子。

不像赶街子的牛车（因为只拉了几块石头），慢吞吞地走在路中央，把“街子”弄得更热闹，更挤了。

掮竹子到城里来卖的，要算是赶街子的一种了，不过他们的竹子，常常把比人头高了一点的空间占了去。

初次赶街子，我的偏促，可以用“缩首蹑足”四个字形容着。

鸭，鸭，鸭，鸭，鸭……鸭子自己叫卖着自己。

咕，咕，咕，咕……公鸡不耐烦地在女人怀抱里。

整担的盖着松针的水果，被挑着向前直冲，好像说：“不零卖。”

压弯了腰的背柴人，在一边拄着一根拐棍，似乎不想多走了。

城门口居然挂起了一幅人体解剖图，探头一望，知道是卖草药的。

大红大绿的那种云头绣花鞋（我看了想起“寿鞋”的那种样子来），却惹得不少的女“猓猡”“望之弥羡”似的。有的空了身子，把枷板放在一边，蹲在人家石阶上，掏出一个冷饭袋，抓着些红米粒往口里送，是吃午餐了。

我在一个卖米线（米粉）摊子前面立了好一会儿。看着她们像吃鸡丝面似的一碗接一碗地吃下去。想，赶街子的钱，都将吃下肚了；赶一回街子也是赶一回肚皮哩。

卖米线的这个老太婆，大脚，恐怕是一个“猓”。嘴已经瘪了，很安详，低着头，料理着客人要吃的东西——极有条理地把每一碗米线里，舀上一点酱油，舀上一点盐水，舀上一点辣椒，舀上一点腌菜……最少要舀上七八样佐料。红红绿绿的铺盖了一碗。

“吃吧？”她忽然抬起眼望了我一下问。

我微笑着，不好意思地离去，算是代答了她的好意。

我不想吃那种东西，对于她那种动态，却觉得十分有趣而值得欣赏。

挤了半天，又提着空的袋袋回来了。赶了一趟街子，比上一次大公司并不显得更疲惫些。

出世

在假期里，差不多每天下午要来约会的一个同伴，今天一早便莅临了。她是校医室内的一个看护，同时也是这个小城里的一位为服务而服务的助产士。她的好友最近才离开这里，她的一个小孩不久以前也死去了。我很同情她，并且想：春天对于她该是怅惘的。

今天她的面色很悒郁，眼圈是青了的，然而那长长的睫毛，并不因此而失掉它那种固有的、动人的魅力。当睫毛像两柄细小的乌木梳子把眼睛遮盖起来的时候，我羡慕着她的心，会跟着宁静而假寐的吧。

“一夜没有睡，教我又是着急，又是生气……”她的头略微有些倾垂，停下来默许似的望着我：我在摆弄着她刚才放在案上那个小小的印花布袋里的东西，一副薄橡皮手套，一包药棉，一小瓶消毒用的酒精，还有一个木制的、狭长的、像一只喇叭或高脚圆锥式的长漏斗样的东西，我拿着它似乎有点出神。

“这是一只听筒。现在可不容易买到。”为了这只听筒的用途，她解释了半天，我才知道拿它放在女人的腹部上，可以听诊和检查婴儿的部位与产妇子宫的动态。她又继续讲着昨天夜间临床的一段经过。

“一个有钱的人家没有孩子，男人讨过一个妾，还是不生育；又找了一个年轻的‘猡猡’关在家里。从来就不许这个‘猡猡’见人，而且一直奴使着她做最辛苦最劳累的工作。他们简直把她当作一个‘工具’，像一个土盆或瓦罐之类的东西。不幸的在这个贱民的肚子里偏偏结下一个胎。于是，她的受难更达到一个顶端了。从来不被人当作人看待的她，所以也没有预先给她尽一点人事的准备。我们虽然是对门的邻居，可是她家里也从来不肯让我替她检查一次。等到动作来了，偏偏又是难产，措手不及的当儿，才深更半夜把我找了去。

“我去到她家时，那个女人正拼命地叫喊着，看见我，才把声音稍稍放低了下来些。我知道她久已在渴望着有人来救救她了。然而她不知道使她痛苦叫喊的是什么！看！一双小孩的腿，已经拖在她的产门外边半天了！

“我谨慎地为她做了一些必要的手术，使那双小腿慢慢收拢回去。不久之后，她的阵痛又开始了，她不再让我去沾她一下，她的力竭声嘶的叫喊，似乎已经使她的眼睛不能睁开，不能看见还有解救她的人在她的身旁。最没有道理的是，她越叫喊，她家的人便越用力打她。我既可怜这个初产妇的痛苦，又憎恨着她家里这种没有经验没有道理的暴举。她们都不听我的劝告，喊的喊，打得打，真是要急死了人！我担心着这样下去，会使产妇心脏痹麻或子宫出血，所以请求她们帮忙按住她，让我再施行手术，看看胎儿有没有正常的进步……”

“进步？”我拦住她的话，好奇地问。虽然我猜想“进步”这两个字，在这里是当“术语”应用的。

“……”她没有什么回答的表示，仅只抬起了睫毛盯了我一下。

“这个可怜的‘猡猡’，于是又哀叫起来：‘我宁可以死……让我死吧，你们别再动我。’她自己好像已经绝望了。痛心的是她家里的人还说，‘要不了大人，要孩子吧。……’

“我想给她注射一种 ××× 针，可惜这种药前次已经用完。我劝他们把这里的 ×× 院院长请来试试，他虽然不是产科专门，但他来了总可以和我共同设法挽救，他们那里的药品自然也比我个人所预备的齐全。

“谁晓得！他来了跟我一样的没有什么帮助！那个四十多岁的一个老助手，她却像煞有介事地表示她自己的本领不同凡俗，开口‘不要紧，我接过四五百个孩子，大的小的都安全’，闭口‘没有问题，我接过四五百孩子，大人……’噜哩噜苏，咕咕呱呱。

“× 院长只晓得躺在一边抽大烟，抽了一阵大烟，待了不到半点钟便走了。我真是失望极了！想不到 × 院长这个做医生的也是这么一个无能而腐化的东西！”她异常愤慨地把叙述停顿下来了。

“你不该失望；你从此不是更增加了一份信心吗？恶的制度恶的社会都是恶人的护符。我们年轻人的纯正可爱的力量，便是我们有自信的心，我们即便是孤立的，但也绝不和他们合作！”对于她的愤慨，我同情地想给她一种鼓励。我爱惜她，正因为她好像是一个出世未久的孩子。

“天快亮的时候，× 院长送来一张诊费药费单，除去白抽的大烟不算，应付法币四十几元几角几分。

“产妇早已由呐喊变成呻吟了，呻吟也渐渐低微下去，可怜的婴儿，仍然拖着半个身子没有多大的进步。

“不是正房的女人，在这里照规矩也不能留在家里生养，后来他们竟把这个可怜的‘猡猡’送到一个荒庙里不管了。不如一匹小猫小狗的贱民，我怕两条生命都快完结了！”她的叙述到这里也完结了。

在我们这暂时的沉默当中，我想，那荒庙中的一对母子，还在不死不活地受着难吗？这个已生而在不幸中的生命，和那个未生的幼小者的生命，也许都要和这个世界的光亮作永远的诀别了！

当天下午，我为这件事情特意去看她，她告诉我她刚从那个荒庙中探视了她们归来，孩子终于落生了，但已没有呼吸，大人却在地上昏迷地睡着。她说，这简直是一个奇迹！

是的，奇迹！然而这个奇迹立刻给我松了一口气。

“女人是伟大的，女人的伟大在于她们能生养孩子。”这种话语常被人们说着而表示讽刺女人是无用的意思，然而，谁会把它当作真是血洗过的句子呢！

来在这个世界上的人们，我们应该彼此地祝福了：

人们还不都是一个母亲的孩子吗？

过客

店主妇放下锅铲，急忙跑出去兜揽几个行商，只听她接连地说：

“这里歇，这里歇！这里好。”

不久他们便鱼贯地走进店堂里来，各人手里都提着一些小件的行李，衣服穿得很整齐。

看着他们的举止和店主妇热心招待的样子，我又想昨天那三个大小的过客来了。

先是一个面目黧黑的人，默默地立在门槛外边。

没有人注意他，只当他是一个乞丐。后来店主不耐烦地同他作简单的对话，我便减轻了口里的咀嚼。

“二十块老票一宿——两块国币。”

“一个人？”

店主妇望望他，似乎代表回答“当然”这两个字。

“干房多少？”他的话，我不大明白，大约是问单住房间和光吃白饭的意思。

“八块。”

“我们三个人——有两个小孩子该算半个大人？”

店主妇向门槛外，灶后面伸了伸颈子说：

“好吧，好吧，一块二国币。”

他被允许了便走进店堂，叹了一口气坐下，向外边招招手，一个十岁大的挑进一担破棉絮和一筐烂旧的东西，后面跟着一个五六岁大的，脚似乎已经破了。大的一个好像已经解事，坐在石阶上想弄点水洗洗脚。那小的一个就背立在我的饭桌前面。蓬蓬的长头发，盖着两片黄腊般的耳朵，我不能再看见别的。我觉得这是一个没有了血和肉，仅仅是一个皮包着骨头的可怜的孩子。

我不大明白他们的话语，明白话语究竟有什么用呢？他们的样子，他们的眼睛，告诉了我更多更深刻的事情。他们日也走，夜也走，翻过山，越过岭……走了许多时日和路途；孩子的脚已经走破了，但还没有到达他们所要去的地方。

因为是孩子的妈妈死在异地了，他们都成了过客。然而，这样褴褛，这样困苦的过客，他们虽是有家园的——家园也许早已荒芜，还需要重新开垦吧？

把我的饭菜分给他们吃吗？帮助他们一点盘缠吗？替他们开销店账吗？祈祷神灵和上帝，保佑他们，拯救他们，降福于他们吗？……

在人生旅途上做了三十多年过客的我，自己禁不住地轻蔑着自己了……同情与怜悯与祈祷都是同样脆弱无用的东西；我应该同情没有同情的同情，怜悯没有怜悯的怜悯，祈祷没有祈祷的祈祷；我相信的也只是没有信仰的那种信仰！

昨天那个大人，今天已经走了，昨天那两个孩子，今天也已经走了，我不该叫他们是过客，唯有他们才配称为长征的战士。

车站

车站尽管是简陋的，甚至于连一个站名也不标出来，但无论如何却在这块地方交织着人的流，货的流，悲欢离合的心的流。如果把人生缩写下来，恐怕还不及车站上的一石一木来得饱满吧。

我诅咒着任何的别离，因此我也诅咒着任何的一个车站。谁能长久留在一个站驿里不去呢？一个站一个站地行过了，在我们有限的生命的中途，谁能不追忆起那些往事，如同想着他曾在某一个车站里停留过的呢？

十几年前，我初次从上海往南京去“入世”的时候，两个送行的友人给我讲了一个笑话，那是为了抹淡了我们的别绪。这个笑话原是北方人说相声的造出来的：

一个说：咱们还要给火车贴副对联。

一个说：没看见火车上还贴对联。

一个说：有末。

一个说：听你的。

一个说：听上联（嗽嗓子），“以铁为车奔千里”。

一个说：好！

一个说：听下联，“借火成行渡万人”。

一个说：妙！横眉？

一个说：嗯——“就怕出辙”。

一个说：别开玩笑啦！（随着一把折扇打到光头上去的声音：啦！）

车慢慢地开出了，我伏在车窗上挂着我的苦笑的脸。这副滑稽的对联，也还始终地挂在我的心里。

当我这次来到石屏，居然在车站上看见了不少的楹联和匾额时，才知道我们笑过的事却也有真的。且看：

造飞车仿奇肱国风行万里斯为发轫之初，
占文彩自武侯乡云瑞千年俨与中州并驾。

还有金地黑字的横额也不是开玩笑的话，相反的是十分正经。如“风飞南境”“缩地有方”“天下同轨”等等。

我立在中国这个极西南端的火车站里，真禁不住有中州何在之慨了！尤其是清晨和夜晚，从站里叫出来的汽笛声，一点也不雄壮，只是尖锐的仿佛刺痛着旅人的心。这个作为碧石铁路终点的一站，也好像唯有使旅人怀念着他怎样才能重归故乡似的。

几间洋房，几条铁轨，一列仓库，一座石砌的水塔，这具体而微的车站建筑物，确是把这个朴素的石屏加上了一件近代风的外衣了。虽然煤渣、炭屑、烟灰都尽情地糟蹋着这一块地方，可是背后绛紫的乾阳山和迎面碧绿的异龙湖，却依然静静的如同一个处女。肮脏的小车每天每晚投到石屏的怀抱里来，枕着山，望着湖，伴着美人。他真是一个幸福的汉子！

据说这个鲁莽的汉子未曾闯入这里以先，地方上的人士也会有过一番的论辩，起了一阵恐慌。有的人认为石屏原是建立在海中（他们把异龙湖当作海）大龟壳上的一个城，火车和轨道都像一条一条的怪蛇，蛇一旦爬在龟的背上，那就不会安宁，他一动摇起来，说不定石屏就要陆沉了。不知怎么，铁道终于筑成了，从民国二十五年双十节通车到现在，龟背着石屏城也还没有不耐烦过一次。并且，从这个闯入者的肚子里，带来了不少的新的事物和新的人，也带走了不少的森林——木材烧成炭，运到个旧炼矿去；带走了不少的汉子，他们一到走投无路，或是异想发财发达，便破釜沉舟抱着决心下个旧，进场去。那儿虽然没有摆着现成的黄金，但是有一个发亮的希望：当砂丁，掘矿坑，练成一块一块白亮亮的锡砖，换了一叠一叠的滇票或法币，缠在腰上回来作富家翁。多少个人就是这样不见了——也许永远不见了，然而他们的家中还保留着对他的一个发亮的念头：出息跟在后头！

车站在这里也可以算是一个景胜（站台上挂着一个法国制的双面时刻钟，屋顶的红炼瓦因为怕空袭涂黑了，白石的水塔宛如一座古堡垒），实际上它才是石屏的脉搏，石屏的吐纳口。我常常到这里来漫步，每逢望见这些对联和匾额，便也默想起十数年前送别我的那两个友人。一个已经躺在北方的草原里，一个还在乘着他的生活无轨列车，在世上盲冲瞎撞着。

我默默愿望着：普天下人们的心，也能够同轨并进！

因为，我们不都是要到幸福的、光明的、真理的家乡去的同伴吗！

大观楼

隔了半年我又重到城西的大观楼，那只搁浅在树荫下小溪边的铁壳船，还停留在那里没有动，周围好像并没有一点变更。

滇池就在眼界之前，我奇怪着这只船为什么不能挂帆或是鼓轮而去？孤舟无系，却给我的脑中点上一笔寂寞的景物。

阳历三月底的天气，在昆明恐怕已经算是末春了。风似乎是温和以上，加着人走了一些路，身上汗津津的，便捡了一个靠湖边的茶社歇腿。

喝着普洱茶，剥着榛子那么大的松子……不禁赞叹着云贵高原上竟有这般幻美舒适的天然公园；然而，乡井何在之感，同时也就压上心头，使人低徊不知所以。

听邻座的和穿梭往来的人们口音，差不多什九都是来自“下江”的，我不知道他们会否怀念过“城春草木深”那种句子。

一个穿黑布棉袄的女人，提了一个竹篮立在我的面前，她还没有开口，我知道她自然也是一个“下江”人吧。

“先生！买一包酱油瓜子？买一包蚕豆大王吧？”

我仰起头对着她的脸。

“我是南京人，我……”

我微微摇着头的时候，她不再说下去了。

三年来的“江湖”生活，至少是把我的眼睛训练够了，说成功的话，那是锐利而炯亮了；但我不会承认那便是成功，我看透了许多事物，看穿了社会的西洋镜，看淡了人性……我的眼，几乎已经凝冻成一对冰球，它们碰到什么便使什么失掉温意，这还不是失败么！这种失败也可以说整个影响着我的“为人”不会得到成功吧？（然而谁也无暇关顾我的冒火的心。）

这个穿黑布棉袄的妇人不再把她的话说下去，她是看见我摇头还是碰着了我的眼睛呢？其实我摇着头为表示着“我知道并且同情”的意思，她也许当作禁止了。她继续说的是瓜子和蚕豆大王如何好吃，如何有南京风味。她还反对地说着每包是两角钱，完全像祈求般的。

我始终一包也不买，因为我有这么一个癖性：倘使不能帮助他们到底，点滴他人一点，那还莫若没有帮助的好。

“买一包嘛，一包也不买？不买我的？嗯，我的东西更便宜……不买我的，等会子那个孩子来了看你买不买……”

我不知怎么又摇了头，我的意思是不拘束，不拘大人小孩的我都不买。

“她要你买，要你买许多……她的东西贵……看你买不买？……”

她喃喃地走开了，我看着她的黑棉袄和脖子上那一蓬头发，我有点忧郁，我忧郁着她恐怕是一个忧郁病的人，她的话，说时不连贯，样子很歇斯底里，她大概说惯了，她成了一个真正的忧郁病的人。

停了不久，果然有一个穿着合身的毛线衫的孩子来了，她提着一个小筐，还有一个花布提包，可想她的货物比刚才那个妇人准备的多。年纪不过十岁上下，不怕生，不害怕，到每个茶座前面揽生意。

她在这个茶社里的时间果然不短，每个茶桌上都放起她卖脱了的东西，酱油瓜子和蚕豆大王之外，还有四角钱一包的牛肉干和一块多一包的橘子糖等等。我还看见她有时爬到客人身上去胡闹，大有不买不去之势。

我想起刚才那个妇人，一个大人是不能和一个孩子比。

茶叶已经不能再泡出什么汁来，人还是懒懒地倚在靠椅上。那个孩子去了，那个穿黑布棉袄的妇人又转了回来，我注意她的面孔，忧郁上好像还罩了一层倦惫。别处的生意恐怕也不见佳，她累了，找着我对面的一个空位子坐下来。

她望了我，认得我是先头没有买她东西的一个。我也望了她，好像告诉她我也并没买那个孩子的。

记得她问我是从哪里来的，我回答了她；她把话题转到那个穿毛线衫的孩子身上：

“你没有买她的东西？……”她拿这一句问话开始了一个简短的小故事。

“今天放假，这里也没有做什么生意，还不如城里好。那个孩子，哼，还不敢常在城里哩。”

“在城里你比她会做？”我的疑问是我的诧异。

“她是孩子，她会缠人，虽说都是逃难的没法子，可是人家可怜小的。有一回她在茶馆里被人家从身上翻出银行里存钱的折子，一个折子上就有六百多块。哪里来的银行存下呢？她说是她爹的，她的爹有好几个折子，东放一个，西放一个，孩子的身上也放一个，唯恐遗失掉。

“她的爹很有钱，她的爹用的六十块钱买的她。没法过活的难民只好把自己的儿女卖掉；有钱的坏蛋就买了人家的孩子做他的‘国难’生意！”

“那个孩子，一天真不少地赚钱啊……替她的爹赚……”

她摇着头结束了这个故事。仿佛难以知道这个孩子的父母是谁，她是谁家的一个孩子。

离开昆明将近一年了，我还记得这个穿黑布棉袄的妇人的忧郁的面孔和那个孩子，那个有毛线衫穿的难童，但不知她们如今在哪种情况下继续生活着。

一九四一年春

第六辑

到了重庆

——废墟上的死与生

碑下随笔

碑下

离开都市已将近三年，我随着一个颇大的出版机关疏散到这里来，如果大言不惭地说，不知也可以算作文化下乡否？

这地方恰当北碚与北泉之间，名字叫金刚碑。一匹小山，环绕着左右和背后，山顶上有一块天然矗立的石头，拔地数丈，正如同一座高大的碑，可是这碑上并没有一个字，也不知道它是怎么样生就了的，追根话底，附会相互，于是就把它推到神迹上去，这块石头也成了金刚碑了。

我们的宿舍在这山坳里，我们的办公室在山的中腰，比起山顶自然都低得多；所以，我们都等于生活在这座石碑的底下，并且一连生活了三年下来了。

说明了这座碑的来历之后，大概就不会有人再联想到与什么坟墓有关了。

是的，我可以正正式式地说，这里的确看不到一个坟墓，也没有一个坟墓。即使在这座天然的伟大的碑上，也没有镌下一个字；没有可摩挲的，没有可景仰的，没有可追怀的，没有可纪念的，没有可崇拜的，没有可遗忘的……我觉得有些寂寞了。

现在的人们都呐喊地要求着伟大的碑石的出现；纪念碑呀，功德碑呀，里程碑呀……可是我就不知道在这些碑上究竟应该铭刻着什么样的字句，用什么样的手法，操什么样的笔刀，才为合适，才为得体些？没有碑，确是单调的，正好像到处没有一个坟墓是同样的寂寞。

不过有了碑，如果是一片的空白，那也就更觉得寂寞了。所以，我以为还是没有碑的好。因为有了碑，碑下似乎总有一个坟墓，而坟墓里也总该埋葬着一点什么。至少是一堆骨头。

也许，想从碑上得到什么启示的人，终了也还是寂寞地埋葬到土下去，甚至于连一块碎石也不会属于他的吧。

谁才是自然之子呢？永生，无所谓死，也没有一个坟墓可以掩埋了他？我怀疑：长久地生活在这没字碑下的我，究竟是一个什么东西呢？

阁中

我们办公的地方是借在一个庙里，庙门也等于我们的大门。每天进出都可以看见门楣上“由观自在”那四个大字，两旁边的一副春联，也可以背下来了：

金刚庄严扫灭倭寇除旧岁，
观音慈悲收回修难迎新春。

虽然在乡间，在一个破庙里，也不是不与外界相关，呼吸到抗战的气息的。

这个庙就叫观音阁，背山面水，居高临下，看起来也颇够气派。倘如从嘉陵江上仰头瞻望，那就不免有些寒碜可怜了：黑洞洞的活像一个漆过的鸽笼子，我们整年整月地被关在里面，被雇佣着，被饲养着，也好像一些展不开翅膀的鸟儿一样。

但不拘怎样，我们是整天价在这里工作的（我自己就很老实，绝不偷懒），所以，我们可以算作“阁中人”而无愧了。

这个庙的内部，相当的集体化。譬如拿锁链拿扇子的无常们，聚在一个栅栏里；观音菩萨和她随从们则独自占有了一座小的假山；送子娘娘的两旁似乎还有一对助产妇（我看见她们的手里都捧了露着小鸡鸡的男孩子）；光明神像一排有三位，一个拿日牌，一个拿月牌，一个牌子上画着一双眼睛；另外，在隔壁，还有我们这边的一群同事们，假如有巡礼者来临，说不定把这里认为"罗汉堂"也未可知吧。

钟声，鼓声，磬声，木鱼声，打卦声，签筒声，念经声，祷告声（设道场或做佛事时的锣声，喇叭声等等大合奏未计），加上我们这边上班铃声，下班铃声，一日之内，五音七响俱全了。

观音相，菩萨相，小鬼相，法师相，老道相，老道与法师的家属相……加上我们这边的主任相，秘书相，专员相，组长相，编审相，编辑相，副编辑相，总干事相，干事相，助理干事相，试用干事相，练习生相，工友相，随习工友相（开联席会议或举行隆重的视察时的更高级的所谓主管人相未计），普天之下，百相俱陈了。

"天哪！天哪！"我常常为表白我的感激而这样地呼叫着；作为阁中人之一的我，怎么能够不由衷地感激，不虔诚地俯首于"你"的伟大的造化之下呢？

为感谢造化，我实在想修行了。虽然我知道自己并无慧根慧眼，离道的日子恐怕太远太远了！

生

佛经上以生、老、病、死为人生的四大苦，而生占其首，这原因我还不明白。我现在所说的"生"，与此并无关系，只是"死"之对罢了。

看见女人们的肚子一天比一天大了起来，无疑地就想到她们将要生了，其实，更合理的说法，就是一个新的人将要出生到这个世界上来，是那个未来的小生命不得不来，而不是这个怀大肚子的女人要生。

但是，我常常听见陈嫂张嫂们说，她就要生了，生了就好了，出去给人家当奶妈，要吃好的，睡好的；要四季的衣服；要打首饰；工资跟着生活走，一二百元的上下不算居奇。据说限价之后有涨到八九百元，此外还另加平价米几老斗的。

我也常常听见陈女士张女士们皱着眉头唠叨着，怎么好，真是生不得，生了就是要命！两口子的薪金加起来，还抵不上一个奶妈家的撑滑竿儿的老板收入多……然而不拘怎样，想“生”的自然地就生了，不想“生”的也要生了，自然与人为皆有吧，反正孩子们的出生，绝不能像黄河可以那么改一下道，何况黄河改道也不是那么轻有的事。

于是，陈嫂张嫂们一个跟一个应征上市去了，而陈女士张女士等等，便一个一个焦灼地打着主意。

有一位女同事的气质，似乎一天比一天的恶劣起来，人家问候她，她总是摇摇头，说“我没有病，不是病”。所以谁也不再关心她看过什么医生，吃过什么药。忽然有一天，她的气质仿佛完全转变过来了，也爱说了，也爱笑了，并且喜欢特别表白一下了：“我好了！”

我的脑筋本来简单，一点也不灵活，想了想：没有病——不是病——没有看医生——没吃药——这“病”又从何处“好”起来的呢！阿弥陀佛！善哉善哉！

还有一位同事的太太，因病吃了过分的药，据医生一检查，哪知一个胎儿竟死在肚子里。

“唉！真是不幸！”不管谁听到这个消息，都要这样惋惜着，或是到家里探望探望去。

丈夫的脸上，带着莫可如何的神情说：

“也算解决了一桩事情。”

太太的脸色上也表示着惋惜般的：

“有的人，想打还打不下来哩。”

但是谁也不能推测她所惋惜的是站在哪一个方面。

隔了一天，太太像赴宴一般地进院去了。

有的人说，这也可算是生活中的一幕小小的悲剧了。

隔了几天，太太平安出院了。归来的时候，也不知为什么那样嗒然若失似的。据她的报告，经过高明的医生一再检查结果，认为胎儿并没有真死，遭一阵子没有动静，只是入于麻醉的状态而已。

“好了，这真可算一幕悲喜剧了。”一般人的论调大多如此。

“可是这年头也够奇怪了——”太太仿佛不以为然地接着说，“在我隔壁的头等病房里，住着一对夫妇，他们一点毛病也没有，男的天天照常出去办公，下了班就回到院里来歇。他们住的是头等产科病房，两个人每天都要打补针，就是希望早早怀起孕来。他们已经决定了，不生了孩子绝不出院。”

这个身怀六甲的太太，言下还不胜稀奇，不胜惊异，想不到在这种年头还有这种真事似的。

我当场就听见这个故事，我想这位太太如果不以她的例子为“悲喜剧”时，那就和我“黄河改道亦不明”说有些近似了。

然而，等在医院里为创造、为“生”孩子的那一对夫妇不是顺乎“自然”，应乎“潮流”的时代宠儿吗？

阿弥陀佛，善哉善哉！

老

人们生生不已，而且不断地成长着，一直成长到老。老，可绝不是一个化装而来的角色。

那讨厌老的，憎恶老的，恐惧老的，甚至于诅咒老的为什么还继续生活下去的人们，也曾想到自己所行在的这条路向了吗？

我不知道在这个世界上假如没有了孩子的无邪的啼哭，没有了壮年的勠力的血汗，没有了老人的慈祥的微笑，将是如何的空洞而寂寞？世界不拘小千中千或大千，在我这个参禅不透的人看起来，青春的幻梦，绿夏的事业，金黄的收成，都是同样值得歌颂的。或者，幻梦自然而然地去了，事业悄悄地休止了，自己还是自然而然地生活着，瞑然地似乎已经到达了他所要归宿的境地，恬然地微笑着……

恐怕唯有慈祥的像海样深阔的、玉样晶莹的、棉样温柔的怀抱，是属于老人的。

这里有一对外省来的夫妇，他们的年纪，至少也在七十岁以外了，如果按照欧西的习俗，他们该是行遇“金婚”的纪念礼，快要到达“金刚石婚”的阶段了。

白头偕老，原是配偶们和我们对于任何一对夫妇所愿望的一种爱守不渝甘苦与共的最高的理想，但是多数的人们等到儿女成行，柴米油盐酱醋茶把眼睛把头脑弄得昏花了时，也就常常发出“活受罪”和“不是冤家不对头”的那一派牢骚了。

然而，从这一对老年的夫妇身上，我却发现了那种最高的理想的实现；虽然他俩不是没有儿女之累的，也不是不食人间的烟火的。他俩顶着雪白的头发，张着缺落了牙齿的口，依然带着那种永远的笑容，越过了那一道一道沟渠似的皱纹，依然泛滥着那种伟大的慈祥；有时，拄着拐杖，并肩去赶场；有时，坐在江边，喁喁地对话；有时，双双地漫步街头，仿佛在寻拾着什么可栽种的、可追忆的种子……总之，我逢见了他们的时候，他俩总是形影相随的。

据说，这个老年的男人，还在一个机关里有着职务。每一个国殇阵亡的将士的芳名，都要从他的手里登记下来。

偶尔，我打从他们的住屋门口经过时，便看见这个年老的妇人，戴着花镜，低着头，在剔捡着平价米里的那一粒一粒种子和小石子之类的东西，仿佛不厌其烦的样子。

凡人都是生活着，工作着，理想着，回忆着，而难得的恐怕就是工作着微笑着，理想着微笑着，回忆着微笑着，生活载负在一叶微笑的扁舟上……早已没有了父亲母亲，在生命的中途又亡失了侣伴的我，我还能投向谁的慈祥的怀抱里去呢？

渡我去呵！彼岸即使是老的境域，没有一片青春土地，没有一朵花，我却是搭着微笑的慈航行来的。

病

宿舍的楼下，石场的外边，有一家邻居，住着一对年轻的夫妇，母亲已经不在了，只剩下一个孤独的父亲。父亲很老了，成天价躺在黑暗的房间里哼着，呻吟着，听说病倒在床上也有了很长久的一段日子。

老人有时候很痛苦地喊叫着，可是立刻就被那更高的、更粗暴的声音压下去：

"你怎样还不死！还不早点死！""哎哟——"一阵呻吟，一阵咳嗽，一阵听不清楚的话语。

"你这个老不死的！你说嘛，再不死，拿药毒死你！"口气中似乎还带着比这更厉害的颜色，隔着墙屋是不能看见的。

乍听着这种对话，觉得十分的刺耳；天天听惯了，似乎令人想起了也有什么道理在了。老了，病了，接近死了，五十步与百步，本来相差是无几的。

自己还没有老，也还没有这样不肖的儿子咒骂着我，但是被病折磨了半生，使我仍旧这样衰弱地、不健康地活着，便禁不住自己诅咒自己了，同时，为那些病了，老了，又得不到一点人间同情的人们悲痛着，而又无可奈何地……

我是一个从来不信任医药治疗的人，如今，我几乎更不能想象病人和医药还存在着或可能地发生着一种什么关系！有一次进城去，偶然看到一家漂亮的药房大玻璃窗里，张贴着一幅五彩的广告画，画上有一个病人抱着头，皱着眉，忍痛地龇着牙，咧着嘴，一边标出了一种特效药的名称。这幅画给了我一个刺激，它的广告的效果是成功了，病的痛苦也被它表现得无遗了；但是另一方面的意义呢，我忽然"歪曲"地察觉了，即是得了那种痛苦的疾病的人，当他想到了自己没有能力没有钱可以谋取那种特效药的时候，在他的痛苦的疾病之上，是不是更加重了一重绝望的痛苦呢?

谢谢天，阿弥陀佛！幸好我从来不会冀求过任何的医生和药物可以诊疗我的痼疾，解除我的痛苦。我病了，我便安静地躺下了。

我住的房子里有一面窗子，从我的枕上，可以望见窗外的远方有一个山头，山头上有一簇房屋——或许是庙宇，在房屋的后面还绕着一条蜿蜒的小路，路又伸到山脊后面那边去了……我就镇日地望着它，望着有谁会从那条路上来，我想着那条路一定是通到很远的地方去的……但是我又知道我是畸零的，谁也不认识我，谁也不和我亲近，谁也不会来探望我，更不会从我所望着的这一条路上来；这条路似乎比梦还可怜还渺茫，于是，我的心像一个蜗牛刚刚伸出了触角似的，一下又被阻隔地缩回了。

如今，我住的房子连一面可以望见远山或天空的窗子也没有了，当我病倒了，躺下来了，我还时时想起那条通到远方的，不可知的，我不会走过的路：多么渺茫的路呀！

那条路莫非就是通到死的吗？望不穿的路，连希望的触角也被自己折断的路，我以为至少也是象征着它是去向死的途径吧？

死

“死，是永生的门。”①

不记得哪一位诗人或明哲说过这样的话语。所以，死也可以算作最快乐最幸福的了。不过我并不如是想。死，明明是生的终结，有了生，便有老，便有病，病了不起便进了死的门；如果说这门里是永生——佛家说圆寂，耶稣指着天堂——可见现生现世也不过是短短的一刹那，而那来生来世，永劫的生命，也许更悠久更长远。但是我还没有踏进这道门槛的一步，我就不敢担保也不能担保死究竟是怎样的一种行径，它在生的全程中占着一个什么样儿的位置，有着多少的距离了。

在目前，虽然我不知道“死”，没有死过，我却异常憎恶着死，恐惧着

① 也许我记错了，“死”，或者是永生的“梦”。“门”与“梦”发音略同，可是意味却大有差别的。——作者原注

死，这理由很简单，就是我看见了他人的死，许许多多的人们的死，把他们一个一个装殓了，埋葬了，不见了，这也就罢了，可是我实在憎恶并且惊心：锣打得那么响，鼓敲得那么急，法螺吹得那么尖锐……从早到晚，从晚到夜，通宵达旦，似乎为着要招魂或超度亡灵，实际上也好像非要决心把死者吵闹醒了再让他转回人间来不可似的。因此，我们活着的人，在黑夜里也合不起眼来，陪念着那不知名的死者；有时从梦中醒来，听到那锣鼓喧天，法螺哀号的当儿，恍惚地觉得自己也从死过去的半路上回转头来了。不由得心惊一阵，跟着憎恶，深深的憎恶起来！

所以，我就决定了我怕死了。同时，还证明了连死也还不是一件宁静、安坦的事。

至少，为着锣打得震耳，鼓敲得惊心，法螺吹得动魄……我怕死，憎恶死了。

在秋天，像自然已进入了她的病衰老迈之境似的，山谷里，邻镇边，小街上，传过来那阵阵锣鼓法螺声之后，就使我知道了死，接近了死，并且憎恶着死了。

在传说的风俗习惯和制度之下，代表着我们这个国家里一部分文化的锣呀鼓呀法螺呀的效果，使得我不得不装作聋子，才能适应生的环境，因为我还打算活，努力活下去，为着我想探求探求一些道理，大的小的不拘什么道理，直到那末日的来临。

我深佩圣人说过的话："未知生，焉知死。"当我知死之日，请上苍也已经使我闻了道可也。

希望者

——寄漓水边的友人们

朋友：

您的信收到两天了，可是我并不认识您，我知道您也不曾见过我；这封信从一个陌生人的手里递到另一个陌生人的手中，真是令人感奋极了！

您的信是从桂林寄来的，漓水边的桂林寄来的；但是桂林，漓水边的桂林，对于我并不陌生，而且正是我时刻怀念着的一个地方。她早已在我的心地留下一颗种子，这颗种子的名字可以叫它是“毋忘”，她一开花便叫“希望”。

为了你这个使我感奋的陌生者的名义，为了我所怀念着的桂林和漓水的名义，还为了寄托并散布我曾采撷过的希望的种子，我把这封信寄回来了。

您不曾憎恶我这个人是怪自私的么？我好像已经偷偷地把我的心和我的眼睛封在这封信里了（我始终怀疑着文字到底有什么力量，所以我永远也不会成为一个忠实有力的所谓“文艺工作者”），我只想呐呐地复说那一些已经过往的事情（经我一说，也许反倒伤害了它的原有的面目和光泽），只想悄悄地随着这封书简（付的是最低廉邮资），趑趄地作一次旧地的重游，摩挲着那些刻画在我眼前和心底的印象。

我初到桂林的那个时候，桂林还是娴静得像一个处女般的城市，真的，我不知道怎样才可以把她形容得更恰当些，我仿佛第一遭走进一幅古人的画帖里去，我恍然领会了中国绘画原来是最能写实也是最富于象征与神韵的一种。人家都说“桂林山水甲天下”，可是我并不以此为成见地来欣赏她。别处的山水究竟如何，我不大明白。在桂林的一年，与其说我浏览着甲天下的山水，还不如说我就是这幅画帖里的一个能够移动的人物。时而在城垣，时而在郊野，时而登山，时而涉水，我能道出老人山的面目是朝着哪个方向，象鼻山的鼻头垂的有多么长，穿山山腰中间挂的那个月牙有多么高，碧绿的漓水有多少回折……

一年，仅只一年，我就离去了这个原来娴静而以后饱经了敌人摧毁了的城市了。当车子沿着环城街道走上南门外的公路时，同行的人有的向她挥一挥手说：

“再会吧！桂林！”

然而，我自己却没有这种轻浮的兴致：我低了头，又禁不住地要抬了眼皮向她投着惜别的眼光。

这娴静的桂林，如今已经部分的成了古罗马似的废墟了！

在我的一本题名《废墟》的小集里——我知道很多人都憎恶这个名字，或者因为憎恶我这个人所写下的东西，而被憎恶的吧——我曾经写照过一个角落里的一时的感触：……看不出一点巷里的痕迹，也想不出有多少家屋曾比栉为邻地占着这块广阔的地方。

踏着瓦砾，我知道在踏着比这瓦砾更多的更破碎的人们的心。

一只狗，默默地伏在瓦砾上，从瓦砾的缝隙，依稀露着被烧毁了的门槛的木块。

狗伏着，它的鼻端紧靠着地。它嗅着地，或是嗅着它所熟嗅的气息，或是嗅着还有一种别的什么东西……

心灵被蹂躏了的、被凌辱了的，家产被摧毁了的、被烧残了的邻人们，回返到这废墟上来，废墟为我们保藏着一种更浓的更可珍爱的气息。

……

我永远不能忘记！这个宁静的城市，曾一再地被敌人投下大量的烧夷弹使她成为火山，火窟，使她留下满目的伤痕和到处的废墟。不过，每一把火，都会燃炽了我们的心；每一座废墟，也都为我们保藏着一种更浓厚的更可爱的气息。敌人丝毫不能毁灭了我们的什么，他们只是用罪恶的手，造下了更罪恶的东西：野蛮的宣扬与疯狂的自供！朋友，我想现在，你们知道得更多了，认识得更清楚了，你们也会和我同样地吸取过那种废墟上的气息，我相信，从废墟上再造的、重建的、新生的人物与精神，将是更茁壮更有力而不能摇撼或推倒的了！

我不能忘记，我过了那么多的火中的日子！我往来火中，去探视友人们居住的地方，那种紧张急迫的心情，真的有甚于当前的烈焰和刺鼻的焦灼。每逢这种时刻，他们或许分头的也在来探视着我。如果我们互相遇见了，我们的欢悦会流出了泪，恨不得彼此拥抱起来！然而沉默也往往代替了我们说不出来的那种悲愤：你看！在燃烧中的家屋，在火焰下穿梭着的人们，不也都是我们的家屋，我们的友人么？他们被蹂躏着的被焦灼着的生命和心灵，和我们的有什么不同呢？他们所认识的敌人，不正和我们所认识的是同一个敌人吗？

愤怒的、仇恨的火，的确把我们所有的心都熔在一起了；我不能分别热血与烈焰的颜色，哪一个更鲜红。

有一次，城里面被猛烈的轰炸之后，将近日暮了，我去探望住在江东岸的朋友，那里的门虚掩着，他们都没有在。在他们那零乱的桌子上，堆放着书籍，纸张，稿件，校样……还有一块像不胜痛楚而痉挛着似的弹片，躺在一团绒线的旁边。我纳罕这些东西为什么会归到一处，这块像毛毛虫似的炸弹碎片，它是飞来的刽子手，它曾经杀害过谁吗？一定的，看它这副奇怪的样子，就知道是怎样的一个可憎恶的东西了！

待了一会儿，他们都回来了。一个叙说着那些死难者的血，怎样染在轮胎和车厢的底下，他们的肉，是怎样的模糊难辨，只剩下一簇黑黑的发丝……一个说，还想寻一块弹片来的；她说着，向桌上张望了一下，知道那块弹片仍旧放在那里，便拨开了它，重新拿绒线和竹针编织起来。

我望望她，她低着头只顾计算着应该织的针数，而那块先前拾来的弹片，就蜷曲地躺在桌子上，不再引起她的注意。我呢，却一直盯住它——这个用了敌人国度里无数无辜的庶民的血汗所铸成的凶器，恐怕它自己也真是不胜艾怨而痛苦，所以无法不使自己痉挛着自己的身子吧！

没有几天，那一团绒线已经成了一件背心穿在我的身上了（直到今天的此刻，这件绒线背心还穿在我的身上）。我说不出我的感激，乃至我抚摩着这件轻柔温暖的短衣，也还惊奇着它究竟是用什么东西和什么力量编织起来的！（直到今天的此刻，我的眼里似乎还盈溢着我的感激的泪。）

后来，我还读到过那个友人在当时所写下的几篇散文，我便恍然看见那一块痉挛着的弹片，仿佛还在他的书桌上、稿纸堆里蜷曲地躺着……

朋友，您有没有像我这样想过？在这个时代，不，任何的一个光明与黑暗，正义与暴力，文明与野蛮，生与死在抗争在搏斗的时代，哪怕留下了一片废墟，一截断碑，一支歌或几行诗，它们究竟是以什么力量和什么东西编造起来的呢？我常常这般想，我相信您也曾这般想过，并且您会毫不犹豫地说出这个答案来的。

我不能忘记，在桂林，我还过了许多戏乎漓上、浴乎漓上的日子。

我捡着一个一个扁平的石子，投向江面打着“水漂儿”，有时嗖——嗖——嗖的一串，有时却只听得扑登的一声价响。在岸边我不能照见我的当时的面孔，可是，那平如明镜的水面上，正仿佛现出了我的童年的笑靥。我本能地拍着手，我的眼睛望着那一串水涡——大的跟着小的，却都随着无言的流水去远了去远了……

从五月到十月，从仲夏到新秋，住在漓水边上的人们有不浴濯乎清流中的吗？

水的季候，也是泳的季候。水毕竟是动的，我的心不知怎么也微微荡起来了。青春似的江水召唤着我，召唤着每一个年轻的人，于是，我第一次赤条条地投向她的怀抱了，第一次轻飘飘地泅泳在漓江的中流了。

欢愉！我说不出有多么欢愉！真是无边的欢愉呀！一江的人鱼，一江的温流，一江的原始的呼声……

那时，泊在江上的有一只艇子叫作“五月花”，是专给泅泳的人们换衣休息的地方。每天我都遇见一个穿浅蓝色游泳衣的女子，总是一个人呆呆地靠近“五月花”立着，她不常泅水，一会儿看看别人在水里的嬉戏，一会儿望望头顶上的天：那时我们的空军常常在天上飞翔着，追逐着。

一只歌，就是那个时候我听了神往的；就是那个穿浅蓝色游泳衣的女人，起初我以为是忧郁，其实并不忧郁的女子立在水中向着天空唱的：

你看——战斗机飞在太阳光下，
你听——马达高唱着走近云霞，
他轻轻地旋飞，又抬头向上……
你听——马达悲壮地唱着向前，
他载负着青年的航空员，
他载负着青年的航空员。
……

我每逢想起或听见这只歌，即或是忧郁的时候，也会从我心坎里抽出笑意来。新中国的儿女们没有一个是应该忧郁的。我们正在战斗中生活着，正在无边的大地上，万里的长空中与我们的生命和荣誉的敌人随时随地地战斗着，生活着。

这只歌，就是我从桂林，漓水上的桂林听来的。

朋友，我在惦念着漓水上的“五月花”，如今是不是依然开放在那里！请为我给她祝福吧！

我不能忘记，我在桂林的那个时候，漓江上还没有桥，只有一座用五六十只木船并列起来，上面搭着板，漂在水上的浮桥。那时，一个好心的女孩子就住在江的东岸（就是那个一面去拾弹片，一面给我织绒线背心的孩子），因为在她更小的时候曾经从桥上跌过一跤，所以每逢过桥她还抱着一种戒心。可是她纯真、活泼、健康、努力，因此，她的这种戒心也就越发惹人可爱了。在一篇短文里，我写下过这样的句子：

一个过桥的少女，她住在江的彼岸……

我喜欢桥，桥通着彼岸，或者更多的纯真的少女们也住在彼岸……

我认识了真理，真理住在光明里。

我认识了桥，桥是被真理砌成的一面。

桥永远连着两岸，真理使我们每个人的心灵接近了。

现在，听说漓江上的大桥，早已雄伟地建立起来了，我想着她，便如同有一道彩虹映在心里，使我憧憬！使我无限的欣喜！

朋友，还有许许多多的事情使我不能忘记，永远也不会忘记。总之，在这里，我重新知道希望，给了我希望；我不只是一个生活着的人，并且是使我成为一个“希望者”而生活着的人。“希望者”这个命名，也是我在这里得到的：

每天早晨，那个纯真的孩子读着世界语。

世界语——Esperanto

“你知道吗？Esperanto这个字的本身是什么意义？”她以先知者的轻微的矜持的神态考问着我。

“告诉你吧，就是‘希望者’。”她又一口气说出了。

朋友，不多写了，写多了会使这封信的分量加重起来。至于“希望者”的本身又是什么意义这一点，我想您不会再来追问我的了。

祝福您！祝福漓水边的友人们！

一九四二年春，寄自陪都

自供

我想写下一篇短短的状词，当作我的自供。可是我总畏葸着，迟迟地还不能提起笔来。一天，两天，三天……将近一旬的日子过去了，我仍然犹豫着，却又不能安然地把它放了下去。

我要自供，什么东西似乎也在驱使着我自供。

我并不乞求谁能赦免了我，因为我承认我不会去饶恕过任何一个人，甚至于我没有援救过一个在我眼前死去的他人，我痛心着这个世界的悲惨与冷酷，还不如俯首诅咒我自身的残忍与无情。

在沉默中生活着，无情地与罪恶为伍地生活着，这就是生活么？完了！我喃喃地惋惜着我的生命的空虚与沉默，同时也是在追悼着那个不知名的过路人。

这个不知名的路人，到现在也没有人知道他是怎样来的，他是为着什么而倒下而死去。只有一点我很明白：他没有得着拯救，谁也没有去拯救他。他或者是可以不死的，但是因为谁也不会去救他，所以他终于不能再活下去了。

我忏悔，我就是看着他死，而不去救死的一个。

那一天的傍晚，当我知道有一个人倒在江边没有人过问（据说他已经躺在那里好几天了），我便走向江边的那堆乱滩石上去，一个满身被泥泞糊着的人，就好像一小块岩石放在那里一样。越走近他，才越认清了他是一个人，不知怎么，越看着他，便越觉得他小得可怜，他的身子蜷曲着，仿佛一把便可以将他握到手里似的。

他不说一句话，也不呻吟一声，沉静得像一个睡着的人。

同样沉静的，是黄昏时候的天上的云层，和江上的船只，一只一只地滑了过去。还有路旁的行人或马，一个个地来往着，从他的身边脑畔过去，谁也不停一下步子，谁也不看他一眼，好像真的把一个人当作一块石头一握泥土了。

有的人说，他或许是被人谋害了：半路上把他从船上遗弃下来的。但是我不信，恐怕没有这样"仁慈"的凶犯，谋害了他还不把他推到江心里去。可是，他到底是从哪里来的呢？为什么他偏偏卧倒在江边，一直卧在露天底下，让风吹雨淋，让阴雨盖着他，让星空罩着他呢？……

没有谁能知道他，根本也就没有人去过问或理会他。

看看他的打扮，并不是一个乞丐。起初看见他的人说，他本来穿得整整齐齐的，蓝布裤褂的外边还罩着一件长衫，可是现在只剩了一件破烂潮湿的上衣，紧紧地贴着他的肉体，因为他蜷曲作一团的缘故，所以也还可以遮蔽着他的一半的下身。他的长衫前天就被人脱去，他的短裤昨天又被人剥光了。

这是怎样的一种掠夺呀！我心里像被啮咬着似的痛苦着。我看见一个无告的人是倒在这里，但是我不能指示他世界上的"仁慈"在哪儿，我自己也不知道它在哪儿。

想起了雨果写过的一本小说叫哀史，有的译本的名字就是："啊！无情！"

这一天的夜晚，我带着这个无告的人的影像回到我的室中和我的睡梦里来，我不时睁着眼睛望着黑暗的周遭，我又听见窗外的冷雨的跫音，淅沥淅沥地走过去，一阵跟着一阵地走过去……

江水会涨了起来的吧？

在岸边，在露天底下的任何一块地方，都已经被打湿了吧？

我想，那个无告地躺在江边的人会死的，我希望他死！

第二天一早，我向滩石那边望，他仍旧倒在原来的那块地方，在迷蒙的雨中，他仿佛变得更模糊了。他的身子只有一小圈，周围都浸在水里，只有半个肩膀还露在外面。

我远远地看见他伸出一只手来，似乎向空中摇了几摇，又落下了。

谁说他早已不省人事了呢？他不避风雨，不避夜凉，不避饥渴……他不是还能够伸出了他的手吗？希望回生，那是为着求救的吗？拒绝死，那只手不也是在做着最后的挣扎吗？

他并没有死。

第三天，我看见他的头畔添了一堆白色的东西，那是人家拾给他的饭，粒粒混合着雨水，狼藉在一边，他并没有去动它，他所需要的不是这个。他不言语，谁也不知道他需要着什么？

如今，他的身子几乎完全是赤露在外面了，他的头，枕着自己的腕子，不久又枕着地，如此交换地枕着，不知是为着什么。

第四天，又在一个阴霾的日子里过去了，他还没有死。

第五天，过去了。

第六天，过去了。

我忘记了在第几天上，人们都把这个不死的人当作一个奇迹了，这么多天以来，不管白昼，不管黑夜，不管晴，不管雨，不吃，不喝，冻馁着，让风吹雨淋着，从不呻吟，从不言语，从不挪动一步……可是还活着！

其实，也没有人们再理会这件事了，知道的人，只认为他的不死是一个奇迹，然而没有任何一个人曾经救过他，给他庇护，或者仅仅为他呼吁一声……我就是其中的一个。

就在昨天，在滩石上我不再看见那个倒卧者的影子了。我想也许被人搭救走了。但是我希望着他会死，他应该死，他死了，他就不再忍受这个冷酷无情的世界，还继续不断地在他身上打着那些冷酷无情的印记了。

我在这里自供，我真也希望他死，让他从此在我自私的担子上卸下一重压力，他就不会知道我也是一个不曾援救他的同类的人。

是的，他被搭走了，但是并没有人救他。人家把他搭在一个山脚的下面，为他挖好了一个坑穴，准备着就地把他埋葬掉——虽然他还不曾死。

“那个倒在滩石上的人呢？”今天，我还是放心不下，胆怯地问着别人。

“死啦——直到昨天晚间才死的。”回答我的人，似乎松了一大口气。

一个不被救的人，他终于活生生地在他同类人们的眼前死去了！

于是，我自己也透了一大口气，仿佛还得到一个无上的“慰安”似的。

请看我的这双手，它是多么素洁而又是多么无用啊！虽然不会用它乞求或剥夺过任何一件东西，却也没有把它递给过任何的一个人。现在，我用了它，在这张纸上画一个大大的“十”字，这表示我所供的是真实而无欺。

洞里景光

此地有许许多多大大小小的山洞，可并不是以前道家所说的神仙们住的“洞天”或“洞府”的洞，而是二十世纪的人，用斧钻硬生生向顽固的山石开凿出来的洞。这些洞大概都编成号码，或是加上属有者的名称，叫第几号或某某防空洞——为了防备敌人空袭时给我们的灾害，为了保存我们的可贵的一切，我们难道不可以叫他是生命的福地、战斗力的仓库么?

为了补助警报器和警钟传达空袭的情报，在山头和建筑物的顶端又竖了不少的信号杆子，杆上挂起一个红球的时候，那时表示敌机有来袭的模样——也许已经从远远的基地起飞了，也许起飞后不一定到这里，如果不久之后再把红球放下，那便是连空袭的消息也不复存在了。然而兽性的敌人，往往对于他们的暴行却是信而不爽!

因此有人说：

“有球（求）必应。”

球呀，这战时首都的点景，这兴奋生活中的指标，它常常教我们到“仓库”巡礼去！到福地造诣去!

阴雨时我们着了胶鞋撑着伞，热天我们带着凉扇，冷天我们不需要火，千百个人互相偎倚着，适度的体温，已足够温暖我们的了。

好像一度轻松的旅行，也仿佛是一场欢聚。

掮着铺盖而来的，挟账簿而来的，提皮包而来的，带竹针、毛线而来的，抱洋囡囡而来的，提暖水壶而来的……从他们所珍惜的物什上，我们不难认出他们的年龄、职业、身份。

穷人们离不开他的破棉絮；做买卖的都只是为了赚钱；官员们总是公

事；女人们一年四季都有那么些衣服裤子可以编织；洋囡囡的生命也是孩子自己的；做奴仆的应该随时随地伺候着主子。……各占一席地，在洞里也没有一个离开过他们自己的岗位。

永远见不到阳光的地方，永远滋生着忧郁和怨恨，然而一个洞一个洞里都是满盛着我们同胞与同胞的爱。敌机临空了，炸弹爆炸了，天迸地裂地震撼着，一个洞一个洞里的无数的生命，宛如坐在一个大的摇篮里。醒醒啊！我们的民族的生命在于复仇哩。

感觉着自己的心的跳跃么？也仿佛听见旁人的了。洞里的千百个人的心的跳跃声该是怎样的宏亮呀！这里没有呻吟也没有呐喊，这刹那间的音符，不但记取在心里，他并且刻画在心底深处了。

妇人们勇敢地解开她们怀前的纽扣或是拉开贴身的小背心，毫无犹豫地把奶子拖出来，并且毫不吝惜地把它塞进婴儿的嘴里。于是，孩子安宁地睡了，一个小小的脸蛋儿，枕着一个雪白的肉的球，母亲的乳房——这个雪白的肉的球，原来是给孩子当作“解除警报”用着的。

孩子要出洞口玩耍去，先保留着一个希望，并且预约着：“飞机再响的时候我马上进来，那么再吃一块饼干。”

母亲微笑地允诺了。高价的，很难进口的那种舶来品香水，依然可能地珍贵地洒在女人的衣角或是手帕上，从洞的深处拥出来的一股一股汗气中，却也飘散着一阵一阵香的风，感谢女人！不知是扑面的香风令人轻快，还是女人毕竟是到处可爱的？

火药和硫黄的气味，其实也并不能掩过人们罗曼蒂克的梦！

大家都走出洞口了，在分别的时候，却没有一个人道声“再见”的，虽然都很熟识，但谁也不想再在这些永远见不到阳光的地方再见了。

我们有的是同胞与同胞的爱，我们更有的是全民族对敌人的恨！

我们所要的只是复仇！复仇后的自由！

天空应该是自由的！

大地应该是自由的！

大海应该是自由的！

这些“洞府”，这些仓库，应该只是留着后世的垂念和凭吊，因为它们已经尽了培育和锻炼我们的职责了。

一觉

——空袭杂志

这些偶然或是突然而来的一觉，它的震幅是相当的强烈。在那上面也许都曾投过一抹死的黑影，但是黑影消逝了的一霎，也正是我还在“生”的一觉。我记下它们，为着一觉也不遗忘！

一

一条窄小的巷子，又被泥土和瓦砾封满了。对面有一列长头发破衣服的人们匍匐而来，他们一个一个低着头顺次地钻进一个铁门，前面的和后面的用一根索子缚联着。我抬头望望这个地方，大概不是看守所便是一座牢狱。狱卒似乎不再保持他的威容，蹲在门边默默记点着人数。

就在墙根左近，我发现两三只雀子，血湿了它们的羽毛，还沾着一些泥土死在地上。

失掉了自由的囚犯，已经从防空洞里安全地回来；飞翔在天空的雀子，却中了弹永远不起了。

敌祸殃及池鱼的事曾数见不鲜，谁想飞鸟也逃不过这个灾难呢！

二

某报的一篇特写里有过这样的句子，我记得大意是：电灯杆子烧焦了，从折断了的梁端，垂下我们仇恨的血滴和泪珠。

三

每次我都遇到那一对夫妇，他们从很远的地方赶到这里来，连牵带抱的还有四个孩子。气色都是那么苍白，我同情他们的营养不良，反不如怜悯他们的惊惶与疲惫。

当着一阵阵的雷暴过去以后，人们都得庆更生的格外亲热了，微微的话声，渐渐响应起来。

“你叫什么？”有人问那个大的孩子。

他不回答，他对着问话的那个人报之以并不陌生的笑容。

“你是不是叫炸弹？”一个年轻的戴眼镜的学生说，又指着他的弟弟，“我也知道他的名字，他叫小炸弹。”

他们都不反对，那个做小哥哥的反指着他的弟弟说：“我是小炸弹，他就是手榴弹了。”

做母亲的正哄着怀抱里的孩子：“看呀，看呀！这里边还有一个照明弹哩。”

邻座的人都笑了，孩子也不哭了。

时兴的名字，如今已是有口皆碑了，我想，满门的英烈，焉知不在这个时刻播下了种子！

四

紧急警报还没有发出，那家烧饼店虽然关上一扇门板，但里面的人还是拼命地在揉他的面粉。好像多出一拳的力量，便多争取了一分时间的胜利。谁也不会预料一刻钟以后的世界成个什么样子，也许，明知道将与生命告别，就尽这一刻用尽他的力量，这是可以用“唯利是图”所能嘲笑与抹煞的吗？

这才是人生最严肃而值得崇敬的一面！

烧饼店伙计所表现出来的这一面，我确实替敌人的侦察员和轰炸手而羞愧了。

五

尽管最新式最快速的汽车载着人们从沥青路上驶往安全地带去疏散，在人行道边，我看见一个老人还立在贴示栏下端视着隔了一日的报纸。他或许是一个极度的近视眼，他没有戴眼镜，他的鼻尖几乎已经触到墙壁，口里还一个字一个字轻轻地念着。并不是奇异这样近视眼的人我不曾见过，从他的身上我好像得到一种启示："空袭于我如浮云。"

我的心顿时起了一种反应，最低的限度也使我在他的身旁肃立下来。

六

一批一批的担架队匆忙地出动了。他们一半的人扛着担架，一半的人徒手跟着队伍跑，担架上的帆布已经不是素洁的，印着大大小小的花朵，那是殷红的，被流出来的血液涂染的。

我默祷着这一群抢伤救亡的英勇队员们，不久之后，依旧闲散地回来，他们的肩上没有负担，布上不再添多新的血渍。

七

街上已经有行人和车辆通过了，可是附近那个情报台的解除信号还没有悬挂出来。

隔了好久好久，那个绿球才冉冉地上升了。万千个人望着它，它也开始望着万千个人，好像还遥遥地对着万千的人们祝福。

后来听说，就是那一次，在那个情报台下，躺着三个血肉模糊的人。

没有比这个"忠于职守""死于职守"的例子更现实的，更令人感动的了。

超越了死的恐怖感的，恐怕还是茫然的一觉吧?

爆炸与震荡好像做成了一只摇篮，睡去的也许永远睡去了；或是惊醒，永不遗忘——在摇篮里的记忆，会一直浸上白的发梢。

那一种“死的风”——炸弹迸裂后的风，有人却说那是“风靡”，我还不懂。

风靡于今日的世界的，唯有这些兽，这些虎狼与鲸鲵了吗？

血潮，复仇人的血潮，该是被“死的风”卷起来，淹没一切的时候了！

歌女

茶馆门口歇着两个卖唱人，哼哼着的二胡，配着嘎哑了的女人的喉音。呜呀呜呀的不知是唱，还是呻吟，还是道着都市的人的烦闷。

在不多远的那边，一片轰炸过后的瓦砾场上，另外围着一圈子人，从人圈当中发出一阵咚咚咚、铿铿铿的小锣和花鼓声。

我刚要走拢去，那一圈人不知怎么已经被警察驱逐散了。那个唱凤阳花鼓的小脚姑娘，不知唱到哪一句便停下来，怔忡地望着这一片只有破瓦砾的空场。

恐怕是“有碍观瞻”的才被取缔了，可是，在都市的另一个角落，那些无依无靠的人们，尽管呻吟，尽管哭泣，尽管同腐鼠垃圾一样地发着霉气，却没有人去过问：而他们是有着毁灭与糜烂的自由的。

我蹒跚在道上，我不想听到都市的歌声。

父子

早晨摆小菜摊子，白天挑着担子卖瓜果。他的脸上总是带着一种稚气的笑容。看见他的样子，仿佛觉得世界上并没丝毫足以忧郁的事情一样。他顶多不过十三四岁，可是在这种年龄却得不到正当的读书的机会，已经学着做买卖，代替大人做事了，其实也就是求生活。

热天，警报频繁的日子，他常常把担子歇在防空洞的门口，自己坐在小扁担上，守望着左边筐里的几个小西瓜，右边筐里的一些梨子和苹果。他似乎并不关心生意的好坏，时而掏出他那把粗笨的镰刀，在草鞋上擦它几擦，又在石头上磨它几磨，时而拿起一个梨，放在盘里称称，自言自语地说，“四两”“五两多”；时而抱起一个瓜，拍拍它，又像煞有介事地举到耳听听，于是又自言自语地说，“要得”，“包甜”，他不管有没有人来买，时而削光了一个梨，时而在瓜肚子上开一个小天窗，尝一尝里面的瓤子，有时他也很慷慨地请别人品评口味。但他绝不肯让一点价钱。

敌机临空的时候，他也不愿意离开他的担子。有时人家高声警告了，他才走进洞口暂时躲避一下，可是他的眼睛仍然圆睁地望着西瓜和果子。

他还有一个习惯，就是喜欢掏出一个小皮夹，把里面的钞票数来数去：数一阵，点点头，于是又把它塞进腰包里去。有一次当他数钱的时候，他的身旁站着一个有两撇胡须的大人，用着沉浊的声调对他说：

——只有这么几个钱吗?

——来收过两道了。

——傻子！为什么要一齐交出去？这么大了还不学学。这不是都替别人做了吗?

——他钉着要嘛。

——你总是不听！你只顾耍了，做的啥子生意哦！

……………

他扭着头不则声。嘴有点向上撅，可是从这不申辩，却已激起了他的愤怒的表情上，依然可以找出他那幅原有的、可爱的、带着稚气的笑容来。

从这些谴责他的话语中，我们不难推想出他所做的生意的内幕：借了一小笔本钱，贩了一点点货，转手之间，便被债主逼还了，剩下来的只是一些开了小天窗的西瓜和削了皮子的梨，还惹了一群苍蝇，教手不停挥地赶着他们。

我曾问过他，这个有两撇胡须的人是谁，他的回答是“爹”，做爹的给儿子的教训，不知道是真理还是爱？真理不也等于爱吗？

有一天下午，我曾看见这个做生意的孩子背上背了一个筐子，里面装满了纸，弯着腰，跟着两个抬棺木的人，正攀登一段陡坡，要从山腰经过。还是望不清楚他的面容。但我想象着他那幅带稚气的笑容该不会有多大的变更的吧。

从那一次以后，我便没有再在我们的街上、山前或山后，遇见过这个孩子和那个有两撇胡须的大人了。装在棺木里被送葬了的死者，或者就是这个孩子的爹么？

我还记得那做爹的人所给这个孩子的教训，不是真理，也不是爱，好像只是教训他怎样求生活，怎样为求生活而做人。

兄弟

从沙滩散步归来，天已经朦胧的快要黑了。弯着腰走上石坡时，迎面遇见一个八九岁大的孩子，怀里抱着一个婴儿，正在向下走，好像要去江边找谁有什么事。

他的身子本来不高，那个细长的被包裹着的婴儿，差不多已经拖过了他的小腿，将近拖到地面，使他走起路来很不方便。

他们头并齐着，两张小脸紧偎着，小嘴对小嘴。这无限的无名的亲爱的情态，突然感动了我，使我停了脚步回转头来望着他，想用我微湿的眼光去护送他，用我的微弱的心灵去拥抱他，连他怀里所拥抱着的那个婴儿。这幼小者的影子，似乎没有移动多久，怅望了江边一刻，又转身回来了。

（我正希望他们回来呢，我在等候着他们。）

“他是你的小弟弟？”当我和他并肩走着的时候，我问了。

“是的。”

“他还吃奶么？”

“……”他不懂我的话，不能回答。

“他还吃‘蜜蜜’不？”改说四川方言之后，他明白了，连忙接下去：

“吃的。没有‘蜜蜜’吃，只能喂他米羹羹。”

我们对话的时候，那个婴儿的一双大眼睛也圆睁睁地在注视着我，好像他已经解事了，但他却没有声气可以说出他的苦处和不幸来。

这短短的问答，立刻使我懊悔它是多余的。看着他们这样瘦小，这样微弱，难道我还不认识他们定然是一个贫困人家的孩子吗！贫困使他们微弱，使他们瘦小，使他们轻若飞蓬，贱如泥淖；使他们生存在世界上，也如同一些幽灵的影子，是仅仅摇晃着移离着的影子……

然而，这没有饱饭吃的小的孩子，和这个甚至于也没有米汤可以代乳喂的更小的生命，他们却有着力量紧紧抱在一起，小小的脸嘴亲亲偎在一起，他们的灵魂并不欠缺什么东西，甚至于比我们大人先生流露着更多的，更纯真的爱。

我想把他俩都抱在我自己的怀里，又举起了他们；我愿意做贫困的人们的兄弟。

春晖

昨天山城上还有很重的雾，但雾中依然混淆着令人不忘的灾祸和仇恨——敌人的飞机偷偷摸摸地去轰炸了附近某一个地方，使那里的废墟再受一次火的锻炼。

今天的山城却整个屹立在阳光底下，看出每一个峰峦，每一个塔尖，每一个建筑的顶端；也看出每一处断井颓垣上的伤痍，仿佛在袒胸露怀，吸取着紫外光线；每一片粼粼闪烁的江上波纹，在辉耀着平静的笑意。

山城雄立在大江之上，山城迎接着阳光。东去的大江，该带给我们的故人故土一个音讯：暂别无恙，春风已从天涯吹来。

春风是唤醒着新生的银铃。迎接光明，迎接自由，迎接胜利，迎接新生！

迎接战斗！唯有战斗才能打击敌人消灭敌人，战斗之后的新生，才是真正自由的新生！

春风就是胜利的跫声；步武着它，到达胜利新生的路。

我们憎恶雾，憎恶一切的朦胧！因为朦胧与雾都是我们的羞辱！

我们迎接太阳，迎接所有的光明！因为太阳的光明是春，新生之女！

记得无耻的敌人，曾经从轰炸机上撒下来的传单吗？

“太阳出来了，日本飞机又来了……”

太阳没有一天不出来，太阳有时被云雾蒙掩，山城却始终正正堂堂地不要一星半点的遮拦。

太阳如今也没有被遮掩，可是敌人明明白白地对着太阳撒了谎。

整个的山城雄立在阳光底下，大江之上；雄立在东亚司令台顶，迎接自由、光明、战斗、胜利、春之新生。

我们有权力在高峰上春风满面地瞭望：

你无耻的、对太阳撒下谎的所谓“日出之国”，是不是将在海水和泥淖里没落！

裁判

江水陡然地涨了，码头上泊了不少的船只，有许多来自远方，有些就是本地的。

浑浊的波流，不使任何的一只不荡漾着，她自己从不宁静，一个漩涡接着另一个漩涡，发出阵阵的聒耳的咆哮。

有一只大船的舱里忽然起了一片喧哗，先是噪杂地叫骂着，随后从舱里走出两个汉子，他们都很结壮，皮肤的颜色像久已镀过了一层古铜似的，他们已经不再噜嗦争辩，径自从舱里走向船头，又从船头走下了水里。

他们都是生活在水上的人们，我想，他们也许要把水上当作了他们正式的战场吧？然而不然，他们涉过了水，要走向滩边去。

“好吧，你们到庙子里赌个咒去。”靠拢在旁边的一只船上，有人出来说着这样排解纠纷的建议。

他们两个一起向滩上走，本来就是去赌咒的。他们知道每个码头上都有着庙子，庙里立着他们所信奉的神灵和菩萨，那是他们的主宰，与控诉者，也是他们最高的裁判官。

“不过是二十几块钱的事，谁拿了谁认了就算了。”别的船上又出来一个人做和事佬般的说。

两个当事人的步子，走得有些缓慢下来了。

“不过是这么一点小事啊！我们整年地在大江小河上过生活，难道我们就不再想到回家里去过日子了吗？”大船里也走出一个黑瘦的汉子，伸着颈子喊着，他大概就是这只船的老板。

两个当事人的步子，忽然停止了，并且都回转了头来。

“昨天夜晚拢的那个地方，除你以外就没有别的人。”一个昂着头，回想着失窃当时的情景说。

“诬赖人！诬赖人！为什么我不拿你多的，单单拿你这么几个呢？”一个提出他的申辩的理由反诘着。

“赌咒呀！我们还是赌咒去，一块钱我们也要到庙子里赌咒去！”昂着头的一个，理直气壮地说，仿佛无须接受谁的调停了。

“……”

另一个不再答话了，他的头，顿时便低垂了下来，好像在想着什么，在听着什么，在望着什么，但不知究竟为着什么才使他的头不能再向上抬起来的。

这时，只有江水在依样咆哮着，漩涡逐着漩涡，大船和小船还是在浑浊的波流上起伏荡漾，一息儿也不停止……

水竟如此的有力，水又似乎又如此的无情！也毕竟不是船夫们所要归宿的处所，她却有着一种启示的力量，使每个船夫，每个生活在水上的人，怀念着，企望着他们仍然有那种日子，真的能回到他们自己的“家”里，归宿到他们自己的“家”里去。

神灵，菩萨，上帝……其实全都不是他们的主宰，也不是可以与控诉的他们的裁判者。

谁个人的家，不都坐落在他自己的善良的心灵里呢？当它的门扉开敞着，不需要谁来裁判，没有谁能够判裁，不需要谁来宣告，没有谁可以宣告，也总是无时不在召唤着它的主人、它的败子、它的叛徒的归来。

一九四二,八月十六日

彼岸

这边有一个镇市，那边也有一个镇市，中间被一条江水横隔着。这边的镇市很热闹，在山顶上还有一个小小的动物园，是比较冷清而幽静的地方。

我攀上这个山顶，为离开人多的地方，走进了小动物园里。被关在笼栏里的老虎、猪、猴子、兔子，我都不想去看，只选择了竹林底下的茶座歇下身子来。

树木遮蔽了山下的市衢；碧蓝的天，却从竹叶的空隙露出一颗颗圆亮的眼睛。

在高处，我看到了远处。环周的那些更高更远的连峰，原都隐约地藏在云天的边际。我也望见了江的对岸，一片平坦的坝子，被无限葱郁的草木掩护着，只有一两个屋顶和楼尖还露在外头。

我已经听不到这边的些许的市声，自然更听不到那边的任何的声音了。但我又觉得江边一定比这里更清静更安宁。

笼子里的孔雀，忽然呀呀呀地叫了几声，立刻又把我的想望唤回来了，我此刻仍然坐在竹林底下，邻座上已经添了两位客人，都是女的。

她们的话匣子打开了，这个林子里即使有夜莺，有百灵，有乌鸦，有郭公，恐怕也不得不把演奏的机会让给她们。

她们谈着张家长李家短，谈着衣料，谈着肥皂，又谈着故事，又谈起了新闻——最近发生在江那边的，我从来没有去过那边，也不认识那边任何一个人或知道任何一件事情。

……

“他死啦？”那个年纪比较大一点的女人还不相信似的问着。

“死啦，昨天下午都已经埋啦，那块地也是人家借的，就在农场的后面。”像女学生模样的一个说。

“期考之前还看见他好好地上课，真是看不出！”

“是呀！放了假他还常常过江来的，听说医院里不收他这种病人，教他自己调养，病不是一天半天的了。”

“对了，他这种病顶需要营养，需要休息，需要安静……死下来，他家里知道了怎么办呢！”

“你认识他么？他家里还有些什么人？”

“嗯——我不认得他。有人知道他，快四十岁的人了，独自个儿在外面过了好多年下来。”

“看见他的人都替他难过得很。不知道他为什么偏偏要住在那么一个人家里，房里搁着一个棺材——也许是房东家的寿材吧，看着就不得舒服，还要天天跨进跨出的——”

（孔雀不知怎么又在笼子里呀呀呀地叫着。）

“临死的前两天，还看见他从棺材旁边走来走去的哩。”

“噢，他就住在那一家的院子里哪！”年纪大一点的那个女人，似乎也为这种“环境”而感动了，呆了一息，她想起了另外一件事打听着：

“不是有一个女人常常和他在一块儿了吗？”

“那不是他的太太吗？”小一点的女人，仿佛刚发现了真正的疑问了，“他们同居过一阵！不知道结了婚没有，后来又不大见了。”

“他病着也不来探望探望？”

“起初还来一趟两趟。病重了就不来了。她对人说她怕传染，这种病是会传染的。”

我谛听着，一声轻微的叹息之后，这两个女人的话都停顿了。

微风吹过树梢，竹叶颤动着，桐叶也摇摇摆摆的……

接着她们又谈了下去。说这种病如何需要营养，如何需要安静，如何需要休息，如何需要多多的钱，如何需要愉快的心情……可是她们都表示着十分的惋惜与百分的同情，因为那个病人什么都没有，他很穷，他平时就很穷。

“没有替他打过针吗？”大一点的女人，仿佛以最关切的态度提起了这么一问。她以为“针”就是最后活命的一个方法，倘如没有打过针而死去，那才是一件最足遗憾的事。

“我知道，打了的。一针就要七八十，一百多。我懂得一点医，我知道这一针就可以支持三天！”

孔雀没有叫，我的心，不知怎么并不像刚才那般平静了。那个“应该”死去的人，或者已经多活了三天了。

但是，我不再这样想下去了。我的心，谢上帝，似乎还不曾到达有妇人之仁的这种地步吧。

我仍是向往起彼岸，彼岸和我仅仅隔着一道水……

在彼岸一个不治的病者，因为他贫困，他被人摒弃了；因为他贫困，他只能“多”活了三天；因为他贫困，他在人间世上只合选择了那么一个地方安排他自己：与孤独作伴，以棺木为邻……

在彼岸，他终于得到一个永恒的安息，永恒的归宿了。

一九四二，八，廿七

更生

中午，在一家小馆子里吃面，路上有人说，桃子石边打翻了一只船，十几个人都落下水，只救上七八个来。

我放下筷子，急忙赶到码头上去探望，只见烈日当空，黄流滚滚，江边和滩上并没有什么动静。几条船靠在湾子里，几个纤夫弓着身子伏在地上，好像显得比平时还沉寂似的。

回到食桌前面，人们仍在谈着这个不幸的意外的事件。我默默地听着，也不得不由衷地分担了他们的一些忧虑，同时默默地对于那些遭难的人们祈着福。

下午，我们上班去的时候，看见楼底下的小方场里，晾着许多被水濡湿了的衣服和杂物，好些人围着保长办公室的窗口外面。好些人呆呆地立在太阳底下，好像看守着他们所属的东西，或是在使自己被水浸冷了的身体重新晒干。

刚才听见的事故，直到此刻才被眼前的景象证实了。我的心，异常地烦恼了起来，为那些一去无踪、不再归来的人们；为那不意的死亡，无妄的遭难者……

傍晚，场子上晾的衣服，有些已经被收拾走了，但是拥在保长办公室里里外外的人们还没有散去。我想他们之中大概有不少的人和我一样地想要打听一个究竟，不过看样子似乎也和我一样地还没有知道一点什么。

吃罢晚饭，天快要黑了，我再去到小方场上。停了一会儿，大家忽然把头都转向着江边：有一台滑竿，正往这边抬来，步子走得很慢，很稳重，似乎一点也不慌忙。

人们都屏住了气息，仿佛用全力在注意着这一个主角之登场似的。

自然的严肃，也是严肃的等待。

滑竿上躺的是一个体格并不弱的中年汉子，脸圆圆的，手脚也都是胖胖的。只是皮肤的颜色像敷了一层霜，眼睛紧闭着，有许多污血从他的鼻孔里流到嘴边和颌下。我不能判断他是活着的还是已经死了的。

不久，才听见旁边的人们轻轻地说，九个人都救起来了，就剩了这一个，还没有活过来。

这个没有活过来的人，抬下滑竿，就被扔在保长办公室门外的地上了，于是，他的脸上和身上又沾了一层灰土。

怎么样了？我也跑过去，关心地向着周围的人们询问。

没有一个人愿意回答我这个严重的问题，虽然他们也肃静地在考虑着会有一个什么结果。有人指了指这个躺在地上的肚子，我才欣然地接受到一个明确的启示了。

他并没有死，他的肚皮还在一起一落地微微动着，他不过是一个像喝醉了酒，沉沉大睡着的人罢了。

这一夜，我几乎完全为了这个人能得到长时间睡眠的机会而欣慰着。不过，我更盼望着他能够醒转过来，他并没有死，他在世界上还是活着的呀！

第二天的一大早，我就像去迎接一个新生者似的匆匆赶到保长办公室的门口来了。

静静地，坐在门边的有一个中年的胖汉子，满脸的污血，满身的泥土，眼光无神，呆若木鸡，这第一瞥被我发现，被我迎接到了的，就正是昨天从水中被救起，从江边被抬来的那个人！现在，他从地上重新坐了起来了。

我知道他，至少我知道他睡过昨天的半个白天，又睡过了一个整夜，睡到现在，他才睁开眼睛，醒转过来了。

八点钟的光景，经办这次船舶失事的人，来调查案情或是料理善后了。只有他一个人问着，问的声调越来越高，可是总也得不着这个更生者的一句答话。问的人一直问下去，完全等于他独白，他的独白，真可以当作一段稀有的插话。

“你姓什么？”

没有回答。

“你住在哪儿？”

没有回答。

“你说呀！说话呀！我们好把你送回家去。”

没有回答。只听见他嗯嗯嗯地哼了几声。

这里是 ×××，本码头上昨天把你救起来的。你到底在哪儿住家？你姓啥子啊？……

问话的声音愈高了，可是仍然得不到他的回答。

你说话呀！清醒——清醒——你——并没有——死！昨天——晌午——你搭的——船——打翻了——你还记得——不记得了？

问的声音更高了，也转慢了，意在提醒他，直接告诉他：他没有死，也是在当面安慰他，可是这个活着的胖子，除了嗯嗯嗯地哼着以外，仍是说不出一句话来。我们为这两个人同样地着急，但是我们不再忧虑什么意外，或还有什么放不下心去的事了。

看着这个胖子的这副肮脏的迷迷糊糊的傻样儿，便禁不住地引起人的同情与怜悯与爱抚的心肠来。他活过来了，也许他的神志还不曾恢复，不能同我们寻常人一样的耳聪目明的吧。

问话的人，有点无可奈何了，不得已又低声下气地像对着一个朋友似的邀求他：

洗个澡去——把身上洗洗干净——好不好？否则到茶馆里先吃杯茶去吧？

听到这里，我忍不住转过脸去笑了。我笑的是这个问官好像在故意开这个人的玩笑。难道他不知道，一个被白狗咬过一次的人，后来再看见羊子都会心惊肉跳的吗？难道这个溺过水的人，还想立刻用水去洗他身子，还想把水喝下肚子里去吗？

这个胖子仍然没有表示着什么，终于被牵着扶着走了。

谁能知道他现在的心是在哪儿？念念着何事？向往到何处去了呢？

言语和文字有着什么用场呢？不是谁也不能够宝贵地传达或占有着这个更生者的此时此刻的新的心境吗？

恐怕没有一个人会饥渴般地在企求他的真正的新的造化，然后再真正地去造化新的——几乎没有一个人会羡慕着“死”。

我们，所有的人，万万个万万个人，都只有一个死，遗憾着的也罢，珍惜着的也罢，真正的死，原来就仅只是一个的！

一九四二，八，廿九夜

流民

季候已经入了秋，可是早晚和白天的热度，仍然徘徊在寒暑表的九十至一百的两条细线之间。关在房子里的人们，不时地从窗口望着天，看看天上有没有云，希望下一阵雨。

什么也没有。身上的汗水，却不住地需要揩拭着。

沉闷中，在楼下有一个男人和一个女人问答着：

“你从哪儿来的？”

“从缅甸。”

“缅甸？——”

“从缅甸——我们从国外来的。”

“噢——缅甸，那是很远很远的地方啊！走了很久了吧？”

“三个多月了。”

“现在呢？——”

“还要到合川去——”

……

他们的话，我一句一句都听见了。我真不能为这个女人计算着：

从缅甸回国，来到了这里，究竟有多少路程呢？

越过了山山水水……究竟费了多少时日和辛苦呢？

像她这样被敌人的炮火，被侵略者的狂潮所赶逐或摧残的人们，生长在自己祖国里的，乃至侨居于异域的同胞们，究竟有着多么大的一个数目呢？

战争是什么呢？

为清算我们的怨仇和血债的战争，我们所付出的和我们还要继续付出的，是不是累累的而难于再计呢？

争取正义和真理的代价中，是不是包括着无限的牺牲？而无限牺牲的总和便是正义和公理的本身呢？

……

我忍耐不住，便停止了手头的工作也走出来了。

一个三十岁左右的妇人，坐在一张矮板凳上。她的眼睛深陷，眉毛浓黑，从口音中也可以辨别出她是属于两广或沿海一带的人氏。她穿着一件黑色的绸质的单旗袍，上面溅着许多泥浆，蒙着很厚的灰尘。（我不知道这些灰尘和泥浆是从多么遥远的地方带来的！）露在外边的肤色，两臂，和两只什么也没有穿的光脚，都是棕黑的。（我不知道它们到底经过了多少风吹，日晒和雨淋了！）她的头发相当的长，只是用一根细绳子将它扎拢着。

从这一个女人的身上，我好像已经看见了一幅整个的灾害，整个的逃亡，整个的流离的图画来。

当她的身子转过来的时候，我才知道她的怀里原来还躺着一个小孩子，在安详地睡着。

这时，围拢着她的人已有了五六个。每个人都要问问她的来历，同情的或是好奇的。每个人都在打量着她，想发现她的隐衷，或是想追寻出一点秘密。

她说一会儿，歇歇；歇一歇又说。

"为着生活……为了过生活……"在她叙说一段事情的前后和中间，她常常掺杂着这样的话语。

"你的娘家呢？"有人问。

"还在缅甸没有跑出来。"

"你的男人呢？"

"在河边，在河边洗澡哩。他见不得人，他一件衣服也没有了。"

"他是川省人吗？"有人问。

"是的，他是铜梁人，我们就要去到他的家里。"

“这个孩子真是不错哇！长得蛮结实的。”有人怜惜着说。

“是的——是的，要不是他这样，再有几个也死掉了……是的，为了这个孩子——”

她哽咽着说不下去了。两道带光的小水流，急速地挂在她的眼珠的底下。

停了一会儿，又有人问：

“你不会去帮帮人家吗？”

她没有回答。

“有钱的人家里并没有什么事的。倒倒茶，端端菜，递递烟。”问的人又解释介绍了一番，好像说明在这种年头为着“过生活”并不困难。

她也没有回答。

如此提议及劝告她的人，看她不作声，就以为她听不懂四川话了。于是有人又低了声气说：

“她说的话我们懂，我们说的话她就不大懂了。是的，带着一个孩子，她就不能去帮工了。”

这个女人忽然站了起来，想把她怀中睡着的孩子找一个地方暂放一下。

谈说的人们还是谈说着。那是关于她们将要如何回去的一条路线问题：

“这里到合川一天，合川到大河坝七十里，到铜梁还要两天……一起二百四十多里路，要走三四天。”

有的人就急忙问她：

“今天夜晚你们怎样安歇啊？”

“啊？”她好像没有听懂，又不甚关心似的。

“今天夜晚，你们到底在哪里休息休息呢？”另外的一个人，尽量说得很慢，用普通的话语，再说了一遍。

“噢，今天夜晚呀？”她回答着，不知怎么声音反抬高了一点起来，“我们还是要跑路，我们早就没有一个钱搭车子赶船了。我们要从天黑跑到天明，跑一个整夜！日里跑路，晒都要晒死。”她的话已经说完了，但又重复了这么一句：

“我们就是要从天黑跑到天明啊！”

她的话，不知为什么比重重鞭打了我一次还有力量还使我痛苦似的。

——“为了生活”，只是“为了生活”吗？她的话语里虽然一再地说了“为了生活，为着过生活……”人家不是告诉了她，“生活”并不是困难的事，而她并没有说出什么意见地似乎默认了吗？

可是，她宁愿意做着流民。

这样的流民——所有的流民，这样的牺牲者，这样的圣洁而勇往的牺牲者，他们正是为着“为了生活”的万万千千的人们做了一个榜样：

为了生活，而生活可不是任意被凌辱被屈服被奴役的！倘使被凌辱被屈服被奴役地生活着，谁还看得见流民？谁还能听得到有谁说“从天黑要跑到天明”的话语呢？

一九四二，九月

黄昏星

为贪看山中的夕阳，不觉地便在友人家的露台上多立了一会儿。我这样迟迟不去，也并不是没有想起我还有一段远远的归程：那一条沿江边的路，崎岖，漫长而又异常冷清的。

经过街道，穿过镇市，走下码头……我的步子一步紧跟着一步，我想尽速地回去。仿佛尽速地在追着落日，尽速地在奔向天边，天边有如一面心爱的风筝，我在匆匆地收揽着线索，想把它扯到我的跟前来。

我怕的是黑暗，夜的幕是黑暗而可怕的。

天色已经由橙黄而苍白而青灰；远山有如老人的垂眉，它横断了我的视野，自己也似乎不胜黯然不胜疲惫的样子。

突然，我看见天边一颗星，只有这一颗星；只有这一颗闪着高光的星，她的亮光并不因为孤独而迷惘着。

我的步子渐渐缓和了。我的心，顿时也平定了下来。因为我认识这颗星的名字，知道这颗星的方位，我便一边走着一边望着她，她好像也遥遥地闪着亮光为我做着指标似的。

当我将近走到我所住在的那个山脚下时，天已经完全昏暗了。可是我开始怀疑着，我如何走过了那么一段崎岖而冷清的路途？我归来了有着什么意义？只茫然地感到，我是为着走路而走了路罢？

昏暗中，在一条狭窄的坡路上，如果不是迎着面几乎撞了满怀，我真不会发觉一个人正停立在我的跟前。她是一个十二三岁大的女孩子，肩上背着一个白色的装米粮的袋子，询问着到那个镇市去应该怎样走，那个镇市就是我刚才所经由而来的。

"就是走这条路。"我简单地回答着她。

"还有多么远？"

"大概四五里路。"

"十五里吗？"她有点诧异。因为这一带的方言，往往把"十"和"四"这两个子音分辨不清。

"不，四五里路。"怕她误会，我又说了一遍。并且回过头来，给她指着这条路的去向。这时，那个镇市上已经有了许多灯光了。

"就是那里，就是有灯亮的那里。"我发现了那边的灯光而喜悦着，并且为这个走暗路而有了灯光作指标的女孩子庆幸着。

她不再追问，也毫不踌躇地经过我的身边，一直向我背后的那条路走去了。她肩上那个袋子，在昏暗中还反映着一块微白颜色。

这个不知名的过路的女孩子，她有着比我更果敢更确定的信心，我把她当作了地面上的一颗黄昏星。

一九四三，三月

图书在版编目（CIP）数据

何处是归程：缪崇群自述 / 缪崇群著 . —北京：中国文史出版社，2020.10
（百年中国记忆 . 文学家自述）
ISBN 978-7-5205-2202-1

Ⅰ . ①何… Ⅱ . ①缪… Ⅲ . ①缪崇群（1907-1945）—自传 Ⅳ . ① K825.6

中国版本图书馆 CIP 数据核字（2020）第 162227 号

责任编辑：牛梦岳

出版发行：中国文史出版社
社　　址：北京市海淀区西八里庄路 69 号院　邮编：100142
电　　话：010-81136606　81136602　81136603（发行部）
传　　真：010-81136655
印　　装：北京新华印刷有限公司
经　　销：全国新华书店
开　　本：787mm × 1092mm　1/16
印　　张：17.75
字　　数：256 千字
版　　次：2021 年 3 月第 1 版
印　　次：2021 年 3 月第 1 次印刷
定　　价：59.80 元